NLP

Fortgeschrittene Techniken

Lernen Sie, wie Sie die fortschrittlichsten NLP-Techniken anwenden, um Ihr Potenzial zu maximieren und Ihre Ziele zu erreichen

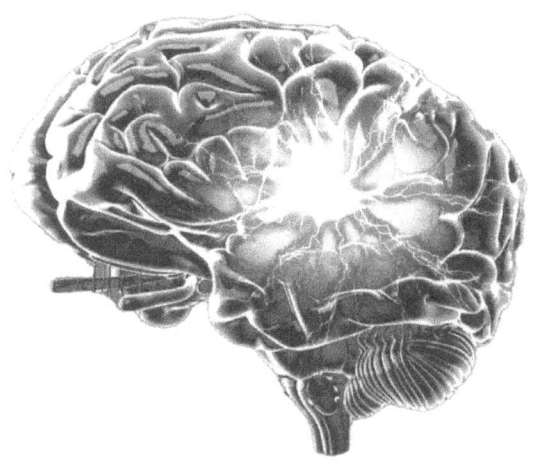

Adam Shane Parker
Erwin Schäfer

Inhaltsverzeichnis

Einführung

Willkommen zum zweiten NLP-Praxishandbuch. Warum sind wir wieder hier? Weil NLP nicht mit der Lektüre eines einzigen Handbuchs endet. Ich habe die verschiedenen NLP-Themen bereits in meinem vorherigen Buch behandelt und alle grundlegenden Konzepte mit den effektivsten NLP-Techniken dargelegt. Mit diesen Informationen ist es möglich, das, was Sie in diesem zweiten Band lernen werden, in die Praxis umzusetzen.

Wie Sie vielleicht schon wissen, ist NLP eine psychologische Methode, die das Verhalten von Menschen untersucht, Muster analysiert und dann praktische Techniken anbietet, die man erlernen kann, um jede Situation zu meistern: denken Sie nur an Arbeit und Erfolg, Beziehungen und familiäre Beziehungen, den Alltag, all die Momente, die wir mit Menschen teilen, die wir kennen oder nicht kennen.

Die NLP lehrt, dass jeder von uns durch praktische Techniken sein Leben sofort verändern und revolutionieren und sich durch die Kraft des Willens von Beschränkungen befreien kann. Jeder ist der Autor seines eigenen Schicksals, das allein durch die Entscheidungen bestimmt wird, die wir treffen, und nicht durch die Bedingungen des Lebens, wie viele glauben, die bereits vorgegeben sind und nicht geändert werden können. Die Botschaft, die NLP uns vermitteln möchte, ist das Geheimnis eines guten Lebens, das darin besteht, "das Leben zu leben und zu versuchen, das Beste daraus zu machen". Wir sind es, und nur wir, die alles möglich machen können, angefangen bei Mut und endend bei Ausdauer und Entschlossenheit, die von Anfang an nicht fehlen dürfen, zusammen mit dem Willen, für das Ziel zu kämpfen. Und dann ist da noch die Energie, die wir in die Praxis umsetzen, bis hin zur Umsetzung, zum Aufbau und zur Erreichung unseres Ziels. Kurz gesagt, diese Methode hilft uns, die Menschen zu werden, die wir schon immer sein wollten: eine Gelegenheit zu lernen, wie wir unseren Geist und unseren Körper auf die funktionelle Weise nutzen können.

Über NLP zu sprechen bedeutet, Themen anzusprechen, die auf Kreativität, Freiheit, Selbstwertgefühl, Wahlmöglichkeiten und somit Mut basieren. Die Begründer der NLP haben den Begriff Neuro-Linguistisches Programmieren geprägt, um die Verbindung zwischen neurologischen Prozessen (neuro), Sprache (linguistisch) und den verschiedenen Verhaltensweisen zu betonen, die wir im Laufe unseres Lebens nur durch Erfahrung erlernt haben (Programmierung). In der Tat gibt es laut Bandler und Grinden keinen Bereich, in dem dieses Modell nicht angewendet werden kann: von Selbstwertproblemen bis zu sportlichen oder schulischen Fähigkeiten, vom Werben bis zum Erfolg, und es gibt sogar Leute, die behaupten, dass diese Disziplin irgendwie Depressionen und andere psychologische Störungen bekämpfen kann. Zusammenfassend lässt sich sagen, dass eines der Hauptziele der NLP darin besteht, erfolgreiche Gewohnheiten und Reaktionen zu entwickeln, wirksame Verhaltensweisen zu verstärken, um das zu erreichen, was wir wollen, und unerwünschte Verhaltensweisen, die die Verwirklichung unserer Projekte behindern, zu reduzieren.

Durch neurolinguistisches Programmieren lernen wir, die Qualität der inneren Bilder und der wahrgenommenen Gefühle so zu gestalten, dass sie in Zukunft zu unseren Gunsten wirken. NLP macht uns unser Verhalten und unsere unbewussten Programme bewusst, die wir zu unseren Gunsten verändern können. In Italien und im Ausland gibt es echte NLP-Akademien, in denen man alle möglichen Techniken erlernen, studieren und dann in die Praxis umsetzen kann, um jedes Ziel zu erreichen. Ich denke an die Motivation, die die Grundlage all unserer Wünsche ist, sie ist die grundlegende Zutat, die uns zum Streben antreibt. Ohne sie wäre niemand von uns in der Lage, das von uns angestrebte Ziel zu erreichen.

Wenn Sie bis jetzt nur ein Praktiker der NLP waren, werden Sie mit dem Studium dieses zweiten Bandes ein wahrer Meister der neurolinguistischen Programmierung sein. Zunächst kannten Sie die Grundlagen, die Säulen der NLP, aber jetzt alles, was Sie brauchten, um dauerhafte Veränderungen bei sich selbst und anderen zu schaffen, wird Ihnen erlauben, weiterzugehen. Sie werden neue Techniken und Kenntnisse entdecken, um noch tiefer zu gehen, Sie werden neue Übungen kennenlernen, neue Besonderheiten des menschlichen Geistes, Ihren eigenen und den der Menschen vor Ihnen.

Sind Sie bereit, ein neues Abenteuer zu beginnen?

Bevor wir diese fantastische Reise beginnen, möchte ich betonen, wie sehr wir Ihre ehrliche Meinung schätzen. Am Ende dieses Buches werden Sie einen QR-Code finden, um Ihren exklusiven Bonus herunterzuladen. Vergessen Sie nicht, Ihre Meinung zu teilen. Viel Spaß beim Lesen. Zögern Sie nicht, den unten stehenden QR-Code zu scannen, um Ihre ehrliche Meinung abzugeben.

Kapitel 1

NLP

NLP konzentriert sich darauf, wie sich Menschen verhalten, wie sie kommunizieren und wie sie denken, und verfolgt ein zweifaches Ziel: zum einen die Entwicklung von Mustern zur Selbstverbesserung und zum anderen die Umsetzung einer effektiven Kommunikation. NLP lebt von Techniken, die zur Selbstverbesserung eingesetzt werden, um versteckte Phobien und Gedanken, die das Ego einschränken, loszuwerden: Alle Techniken sind darauf ausgerichtet, das eigene Denken und Verhalten oder das anderer zu beeinflussen.

Wir wissen inzwischen, dass NLP oft mit Manipulation verglichen wird, aber wir wissen noch besser, dass dies nicht der Fall ist und es nicht geschaffen wurde, um die Gedanken anderer nach unserem Belieben zu manipulieren. Wir hören jetzt oft davon, wie wir dank NLP zu geschickten Manipulatoren werden können, aber wenn Sie das vorige Buch bereits gelesen haben, werden Sie wissen, dass diese Praxis nicht geboren wurde, um andere nach Belieben zu manipulieren, obwohl es falsch wäre, zu leugnen, dass NLP nicht manipulieren kann. Es liegt alles an der Moral und Ethik derjenigen, die ein so mächtiges Werkzeug in der Hand haben: Wer NLP gewissenhaft und verantwortungsbewusst einsetzt, verringert das Risiko, in gefährliche Situationen zu geraten, und verhindert, dass sich der Zustand seines Gegenübers unweigerlich verschlechtert.

Aber dank der Techniken und des Studiums des neurolinguistischen Programmierens kann es uns gelingen, unser Leben in vielen Bereichen zu verbessern: Ich denke an eine positivere und aktivere Denkweise, an eine erfolgreiche Überzeugungsarbeit im Verkauf und im Geschäftsleben; ich denke an die Verbesserung und Entwicklung des Selbstwertgefühls, an die Beseitigung von Phobien, an die Analyse der inneren Landkarte jeder Person, mit der wir in Kontakt treten, anstatt neue Glaubenssätze und Denkschemata einzuführen oder zu ersetzen. Aber die Beispiele und Anwendungsbereiche sind damit noch lange nicht erschöpft.

Wenn Sie dieses Buch gekauft haben, wissen Sie sicher schon, wovon wir sprechen: Das Buch ist nicht für Neueinsteiger geeignet. Sie müssen die Grundlagen des NLP kennen und beherrschen, wie zum Beispiel das VAK-Modell, jenes Schlüsselkonzept, das Ihnen hilft zu verstehen, wie Menschen alle Informationen über die Sinne verarbeiten können. Drei dieser Sinne werden im NLP als visuell, auditiv und kinästhetisch bezeichnet. Diejenigen, die Informationen nur visuell verarbeiten, werden ihre Augen benutzen, um Informationen zu empfangen und zu verarbeiten: "Schauen Sie sich das Problem an!"; diejenigen, die nur das Gehör benutzen, werden Ausdrücke benutzen wie: "Das klingt alles sehr vertraut"; die Kinästhetiker schließlich werden ihre Informationen auf der Grundlage von Emotionen und körperlichen Empfindungen verarbeiten: "Ich fühle, dass ich Ihnen helfen kann".

Eine weitere wichtige Säule des NLP ist der Rapport zum Gesprächspartner, d.h. die Verbindung, die durch Einfühlungsvermögen, Tonfall, verbale und nonverbale Sprache, Mirroring, Neuberechnung, Anleitung und Modellierung zwischen den Menschen hergestellt wird.

Rapport ist nichts anderes als das Band des Vertrauens oder der Ähnlichkeit zwischen zwei oder mehreren Menschen. Wenn Sie sich zum Beispiel mit Menschen unterhalten, auch mit Fremden, und Sie sich gut fühlen, weil Sie denken, dass sie zu Ihnen passen oder Ihnen ähnlich sind, sprechen wir von natürlichem Rapport. In einem anderen Zusammenhang, wenn wir ein Vertrauensverhältnis aufbauen wollen, sprechen wir von erzwungenem Rapport.

Um ein Vertrauensverhältnis zum Zuhörer aufzubauen, müssen Sie eine wirksame Kommunikation schaffen, die auf Ähnlichkeiten zwischen Ihnen und dem Zuhörer abzielt. Die Fähigkeit zur Beobachtung und Analyse und die Elastizität der Anpassung tragen dazu bei, eine gute Beziehung aufzubauen. Deshalb beruht eine gute Beziehung darauf, dass man vom Unterbewusstsein des anderen akzeptiert wird.

Modellieren hingegen ist die Fähigkeit, das Verhalten einer anderen Person zu imitieren: Die Grundannahme ist, dass jeder von uns das Verhalten und die Fähigkeiten anderer nutzen kann, die wir für besonders effektiv halten: "Wenn du es kannst, kann ich es auch". Versuchen wir es mit einigen Beispielen. Denken Sie an eine Person, die Sie bewundern und von der Sie gerne etwas Neues lernen würden. Stellen Sie sich das Vorbild mit allen Details vor: Körperhaltung, Tonfall, Gesten.

Die Modellierung basiert auf zwei Modi: analoges Lernen oder implizites Modellieren und digitales Lernen oder explizites Modellieren. Implizites Modellieren ist fast unwillkürlich; explizites Modellieren ist ein "Kompromiss" zwischen dem, was man instinktiv tut (implizites Modellieren) und dem, was man in der Schule lernt (analytisches Modellieren).

Wenn wir unser Vorbild identifiziert haben, müssen wir mit einer gründlichen Analyse beginnen: Indem wir beobachten, wie er sich bewegt und vor allem, was er tut, um die Ergebnisse zu erzielen, die wir anstreben, können wir einen Verhaltenskodex ableiten und ihm nacheifern. Durch die Analyse von "exzellentem" Verhalten können wir einen Verhaltenskodex entwickeln, auf den wir uns beziehen können. Das Modellieren ist ein Lernprozess, der darauf beruht, dass wir über unser soziales Umfeld, unsere Kollegen, Freunde und Bekannten nachdenken und uns menschliche oder berufliche Eigenschaften aneignen, die wir für besonders wichtig und nützlich halten.

Wie oft haben wir schon über die Ergebnisse nachgedacht, die manche Menschen bei ihrer Arbeit erzielen, egal ob sie uns nahe stehen (Verwandte, Freunde) oder unerreichbar sind. Warum fragen wir uns also nicht, wie diese Menschen, die für uns vielleicht Spitzenleistungen darstellen, denken. Warum haben sie die Ergebnisse, die auch wir uns wünschen würden, erreicht und erleben sie bereits? Wenn wir ihre Denkmuster zu unseren eigenen machen, indem wir sie einfach beobachten, geben wir unserem Geist einen Schub, der uns hilft, unsere persönlichen Ziele zu erreichen. Wenn die Menschen, an denen wir uns orientieren, uns nahe stehen und den Prinzipien der NLP folgen, reicht es aus, sie zu beobachten und ihre Struktur, die Einstellungen, ihrer Physiologie und vor allem die Fragen, die sie sich stellen, zu "kopieren".

Anders verhält es sich, wenn das Modell, das wir als Beispiel genommen haben, nicht verfügbar und für uns unerreichbar ist. In diesem Fall müssen wir so viele Informationen wie möglich abrufen und das herausfiltern, was für unser Ziel nützlich ist: physische Modelle, Strategien, mentale Organisationsschemata, Werte, Kommunikationsinteraktionen, Einstellungen und emotional-affektive Strategien.

Kinder üben sich auch im Modellieren. Indirektes Modellieren, um genau zu sein. Ein Beispiel für indirektes Modellieren ist das, was Kinder tun, wenn sie das Verhalten ihrer Eltern oder der ihnen am nächsten stehenden Personen (Großeltern, Brüder, Schwestern) beobachten, imitieren und von deren Handlungen und Verhalten lernen. Solange man ein unbewusstes und rationales Kind ist, kann man natürlich keine Entscheidungen treffen; daher sind die Eltern einfach "Modelle", sowohl in Bezug auf korrektes Verhalten und Handlungen als auch insbesondere in Bezug auf weniger funktionale Handlungen. Wir interessieren uns für die bewusste und direkte Art und Weise, in der sie modelliert werden, d. h. für die Art und Weise, in der Informationen, Sprache und Verhalten sorgfältig gesammelt werden, so dass sie nachvollzogen werden können, um ein Verhalten hervorzubringen, das zwar nicht identisch, aber gleichwertig ist.

Neben dem Modellieren müssen Sie sich Techniken wie das Verankern, das Milton-Modell, Metamodelle und Metaprogramme und all die Techniken merken, die Sie Tag für Tag wirklich zu einem Meister des NLP machen können. Aber wenn die Konzepte, die ich gerade beschrieben habe, nichts in Ihnen auslösen, schlage ich vor, dass Sie alle diese Informationen abrufen. Wenn Sie daran interessiert sind, können Sie meinen ersten Band abrufen: *NLP für Anfänger,* in dem wir uns ausführlich mit den Themen befassen, die ich gerade skizziert habe.

Wenn Sie bereits das erste Buch gelesen haben, fragen Sie sich wahrscheinlich, was der Unterschied zwischen diesem zweiten Buch und *NLP für Anfänger* ist? In *NLP für Anfänger* finden Sie die Grundlagen und praktischen Anleitungen, um die wichtigsten Themen wie V.A.K., Rapport, gute Zielsetzung (s.m.a.r.t.), Anchoring, Milton-Modell, Meta-Programme und Meta-Modelle kennenzulernen und anzuwenden. Wichtige und grundlegende Techniken und Themen zur Selbstverbesserung. In diesem zweiten Band richten wir unsere Aufmerksamkeit jedoch auf tiefer gehende Techniken, deren Kenntnis es Ihnen ermöglicht, wirklich tief zu graben, um zu verstehen, was Ihr tägliches Leben beeinflusst. Und am Ende der Lektüre dieses zweiten Bandes werden Sie sagen können, dass NLP keine Geheimnisse mehr für Sie hat. Dieser zweite Band enthält sehr wirkungsvolle Techniken und Übungen wie die Eriksonsche Hypnose und neurologische Werte, die Sie mit einem Freund, Helfer oder Coach anwenden müssen. Egal, ob Sie diese Techniken einfach für sich selbst nutzen wollen oder ob Sie Coach werden und anderen helfen wollen, es ist unerlässlich, dass Sie die Themen in diesem zweiten Band gründlich verstehen.

Denken Sie daran: Es ist wichtig, die Informationen anzuwenden, denn nur dann können Sie Ergebnisse erzielen: NLP wird Ihr Leben nicht mit einem Fingerschnippen verändern, aber es kann Ihnen im Alltag helfen, zu Hause und bei der Arbeit, mit Freunden und mit Ihrem Partner, und Sie können endlich die Ziele erreichen, die Sie schon immer zu erreichen hofften.

Mit NLP können Sie das heute tun. Wirklich.

Kapitel 2

die logischen ebenen

In diesem Kapitel werden wir einen wesentlichen Aspekt des NLP besprechen: Ich spreche von neurologischen Ebenen und Werten. Neurologische Ebenen wurden von Robert Dilts, einem der weltweit größten Ausbilder für Sprachprogrammierung, theoretisiert.

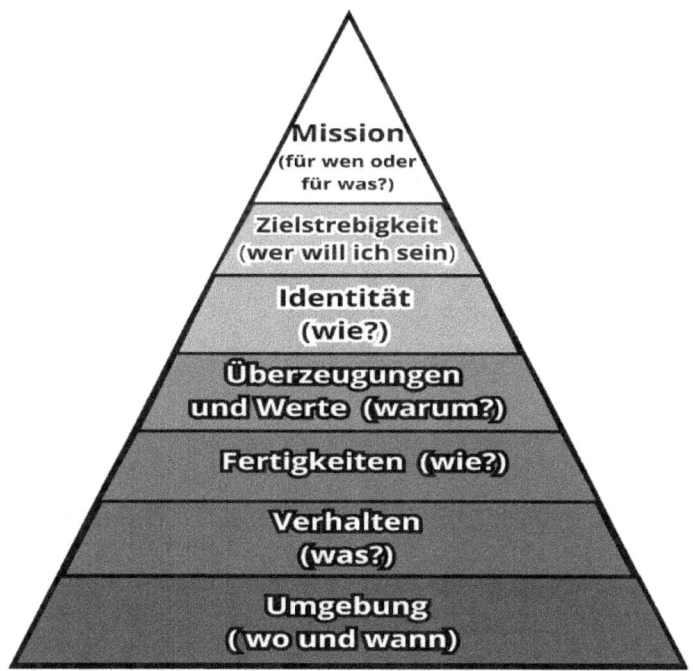

Das Konzept der neurologischen Ebenen wurde ursprünglich von dem englischen Anthropologen Gregory Bateson eingeführt, der es mit Blick auf die Dynamik des Lernens entwickelte. Robert Dilts, ein Schüler Batesons, überarbeitete es aus der NLP-Perspektive, wonach das charakteristische Muster eines jeden mentalen Prozesses sechs Ebenen durchläuft, angefangen bei der Umwelt bis hin zu Spiritualität und Lebensaufgabe. Da diese Ebenen voneinander abhängig sind, zieht eine Veränderung auf einer Ebene automatisch eine Veränderung auf allen anderen Ebenen nach sich, insbesondere auf den unteren. Die ersten drei Ebenen beziehen sich auf äußere und leicht messbare Faktoren:

Umwelt: Wo? Wann?

Die Umweltebene stellt den physischen und sozialen Kontext dar. Sie beantwortet die Frage "Wo? Wann?". Der Umweltfaktor beeinflusst direkt unser Verhalten und kann als ein Element gesehen werden, das reich an Anreizen und Möglichkeiten ist, oder als eine Reihe von Beschränkungen, die die Qualität unseres Verhaltens begrenzen.

Verhalten: was?

Die Verhaltensebene definiert das akzeptierte Verhalten auf der Ebene der Umwelt. Sie beantwortet die Frage "Was?". Die Qualität des Verhaltens, das wir in den Umgebungen, in denen wir uns bewegen, an den Tag legen, bestimmt die Ergebnisse, die wir erzielen, und ermöglicht die Entwicklung neuer Fähigkeiten.

Kapazität: wie?

Ein Fähigkeitsniveau ist eine Reihe von Kompetenzen, von denen wir glauben, dass wir sie besitzen. Sie beantwortet die Frage "Wie?". Die Wahrnehmung unserer Fähigkeiten entspricht nicht unbedingt der Realität, sondern ist das Ergebnis der Überzeugungen, die wir über uns selbst haben. Jedes Mal, wenn wir die Qualität unserer Fähigkeiten erhöhen, schaffen wir neue Überzeugungen, die unser Vertrauen in uns und unsere Leistungen stärken.

Überzeugungen und Werte: Warum?

Die Ebene der Überzeugungen und Werte ist der Kompass, der unser Leben leitet und bestimmt, warum wir tun, was wir tun. Beantwortung der Frage "Warum? Unser gesamtes Verhalten wird durch die Vorstellung bestimmt, die wir davon haben, was wir glauben, tun zu können oder nicht machen zu können, und was wir für richtig oder falsch halten. Was wir glauben, bestimmt unmittelbar die Wirksamkeit unseres Verhaltens und formt unsere Identität.

Identität: Wer?

Die Identitätsebene stellt die Art und Weise dar, wie man sich selbst wahrnimmt, die Überzeugungen, die man über sich selbst hat. Sie gibt Antwort auf die Frage "Wer?". Das Selbstbild hat direkten Einfluss auf alle niedrigeren Ebenen und bestimmt den Grad Ihrer Integrität, d. h. die Übereinstimmung zwischen Ihrem Selbstbild, Ihren Werten und Ihrem Verhalten.

Der Geist der Bestimmung: für wen? Wofür?

Die Ebene der Zielstrebigkeit ist die transzendentale Ebene, die die Lebensaufgabe, den Beitrag und die Zugehörigkeit zur Gemeinschaft in den Vordergrund stellt. Sie beantwortet die Frage: "Für wen? Wofür?".

Das Wichtige an den neurologischen Ebenen ist, dass sie die Grundlage der Veränderung sind: Eine Veränderung findet nur und ausschließlich dann statt, wenn sie alle Ebenen berührt, und damit dies geschieht, muss sie von der einen oder anderen Seite, vom Anfang oder vom Ende her geschehen. Stellen Sie sich diese neurologischen Ebenen wie eine Werteskala vor: Es gibt eine untere Sprosse und eine obere Sprosse. Es liegt auf der Hand, dass man nie in der Mitte einer Leiter beginnen kann, sondern immer entweder nach oben oder nach unten gehen muss.

Was sind also Werte? Alles, was für uns wichtig ist. Werte haben im Allgemeinen die Form von Nominalisierungen, d. h. alle Dinge, die ein Prozess sind, werden durch ein Etikett nominalisiert, so dass sie in einem einzigen Wort zusammengefasst werden. Wichtig ist, dass es keine richtigen oder falschen Werte gibt: Jeder von uns hat seine eigene persönliche Werteskala, die sich je nach Leben, je nach dem Moment, in dem wir leben, je nach Situation und je nach unserem eigenen Wachstumsweg verändert. Oft ist unsere Werteskala unbewusst und im Hinblick auf die gewünschte Werteskala geheim: Wir sind vielleicht überzeugt, dass wir uns nach bestimmten Werten bewegen, aber in Wirklichkeit bewegen wir uns nach anderen.

Dies ist dann die Ursache für Unstimmigkeiten.

Regelmässig beklagen sich Menschen über ihr Leben. Es ist wichtig, zu analysieren, wie Menschen sich in Richtung ihrer Ziele bewegen. Die Frage, die ich mir stelle, lautet also: Wie kann ein Mensch wissen, dass seine Handlungen tatsächlich mit seinen wirklichen Zielen übereinstimmen, wenn er sich der wahren Werte, die er tief in seinem Inneren hat, nicht bewusst ist?

Es ist daher von grundlegender Bedeutung für unseren Veränderungs- und Wachstumsprozess, unsere Werteskala zu kennen: Diese Technik oder Übung wird von den großen NLP-Gurus oft ignoriert, viele Quellen behandeln diese Übung auf vereinfachte Weise, ohne die wirkliche Werteskala zu berücksichtigen; stattdessen glaube ich, dass sie von grundlegender Bedeutung ist, weil die gewünschte verwendet wird und man sich nicht die Mühe macht, zu graben und die wirkliche zu entdecken. Wir können nicht hoffen, in unserem Leben signifikante Veränderungen zu erreichen, wenn wir nicht sicher wissen, was uns im Innersten antreibt.

Aber wie können wir herausfinden, was unsere Werteskala ist? Man muss sich selbst auf die Probe stellen und eine Übung machen.

Nehmen Sie ein Notizbuch, ein Blatt Papier und unterteilen Sie es in zwei Teile. In der ersten Spalte bitte ich Sie, einige Ereignisse aufzuschreiben, die Ihnen in Ihrem Leben ein wirklich gutes Gefühl gegeben haben; Ereignisse, die Ihnen Freude, Vergnügen, Emotionen und positive Gefühle gebracht haben. Egal, wann Sie diese Ereignisse erlebt haben, egal, ob es sich um vergangene Erinnerungen an Ihr Leben handelt: Haben Sie sich dabei gut gefühlt? Haben Sie sich in diesem Moment lebendig gefühlt? Gut, schreiben Sie es auf. Es ist nicht wichtig, dass Sie das ganze Ereignis aufschreiben: ein Satz, der Sie daran erinnert, reicht aus.

In der zweiten Spalte schreiben Sie alles auf, was Sie an diesem Ereignis befriedigt hat: Indem Sie mit der Nominalisierung fortfahren, schreiben Sie auf, was der befriedigende Wert für Sie ist. Wie haben Sie sich gefühlt? Welches Wort möchten Sie mit diesem Ereignis in Verbindung bringen? Kinder, Freude, Arbeit, Liebe, Sex, Geld. Worte sind grundlegend und spiegeln Ihre innere Landkarte wider; deshalb müssen Sie Ihre eigenen Worte verwenden und nicht die von anderen. An diesem Punkt werden Sie eine Liste mit Ereignissen und Wörtern haben: Sie werden wahrscheinlich feststellen, dass einige Wörter mehrmals geschrieben wurden, das bedeutet, dass dieser Wert für Sie der wichtigste ist. An dieser Stelle bitte ich Sie, eine weitere Liste zu erstellen, die Liste der Werte: Schreiben Sie die Werte in der Reihenfolge ihrer Wichtigkeit auf und folgen Sie dabei Ihrem rationalen Verstand, der Sie bei der Erstellung der Liste leiten kann. An diesem Punkt haben Sie die Liste der besten Ereignisse in Ihrem Leben zusammengestellt und Sie haben den Wert oder vielmehr das kleine Wort eingetragen, von dem Sie glauben, dass es sich erfüllt hat, als dieses Ereignis in Ihrem Leben stattfand. Dann haben Sie Ihre Werteskala fertig.

Skalenübung

An diesem Punkt angelangt, kommen wir zur ersten echten angeleiteten Übung in diesem Buch. In den nächsten Kapiteln werden Sie Beispiele für Dialoge finden, die Sie mit anderen, mit sich selbst oder mit Ihren "Patienten" führen können. Sie werden oft das Wort "Patient" finden, weil ich es für wichtig halte, dass Sie, nachdem Sie alle Begriffe der NLP verstanden und sich zu eigen gemacht haben, anderen helfen können, sich zu verbessern, den Geist zu erforschen, das Unbewusste zu navigieren.

Aber zurück zu uns: Vor ein paar Seiten habe ich Sie gebeten, eine Liste mit den Ereignissen in Ihrem Leben zu erstellen, die Ihnen am meisten Freude bereitet haben, die Sie am glücklichsten gemacht haben, die Ihnen das absolut beste Gefühl gegeben haben. Neben jedes Ereignis habe ich Sie gebeten, einen Wert zu schreiben, ein Wort, das Ihre Gefühle zu diesem Ereignis zusammenfassen könnte.

Diese Liste, diese Liste, war genau Ihre Werteskala. Aber jetzt, obwohl diese Werte für Sie wichtig sind, bitte ich Sie, sie nach ihrer Wichtigkeit zu ordnen und eine Liste mit mindestens 5 oder 7 Werten zu erstellen, die Sie für die wichtigsten halten. Diese Liste dient Ihnen als Anhaltspunkt dafür, welche Werte für Sie jetzt am wichtigsten sind. Für dieses Beispiel gebe ich Ihnen meine Werteliste, die wie folgt aussieht, wiederum in der Reihenfolge ihrer Wichtigkeit

Kinder	1
Liebe	2
Selbstwertgefühl	3
Frieden	4
Freude	5
Freundschaft	6

Achtung: Diese Werte sind nicht vorgegeben, jeder kann seine eigene Liste haben. Es handelt sich um die Werte, die mir am wichtigsten sind: Was für mich wichtig ist, wird für Sie oder andere nicht dasselbe sein. Diese Liste, die ich erstellt habe, bezieht sich auf meine gewünschten Werte, d. h. auf die Vorstellung, die ich von der Person habe, die ich gerne sein möchte. Aber in Wirklichkeit könnte am Ende dieser Übung meine Werteskala revolutioniert werden. Jetzt werden wir sehen, ob dies wirklich die wichtigsten Werte sind oder nicht.

Die Arbeit, die jetzt zu tun ist, ist sehr einfach: Wir stellen die ersten beiden Werte, Kinder und Liebe, auf einen Turm und treffen eine Entscheidung. Welcher der beiden Werte ist wichtiger? Dazu müssen wir uns zunächst fragen, welche Kriterien und Regeln hinter einem Wert stehen: Was müsste geschehen, damit der Wert der Kinder erfüllt ist? Für mich ist es unter anderem wichtig, dass meine Kinder gesund sind, dass sie glücklich sind und sie mir nahe sind. Achtung, diese Phase kann eine Herausforderung sein, denn in den meisten Fällen sind sich die Menschen ihrer eigenen Kriterien und Regeln nicht bewusst.

Dann gehen wir zur Liebe über: Was bedeutet Liebe? Für mich bedeutet sie echte Gefühle für jemanden, für meine Kinder, für meine Familie, für meinen Partner. Für andere kann sie tausend und mehr Facetten haben.

An diesem Punkt wählt man aus, welchen Wert man "speichern" möchte.

Denken Sie daran, dass die wahren unbewussten Entscheidungen unter Stress getroffen werden. Denken Sie daran, dass die bewusste Barriere einer Person einer bewussten Maske entspricht, und diese Maske bleibt bestehen. Sie müssen also Ihren Patienten testen. Versuchen Sie es mit einfachen Fragen wie: *Wenn ich die Wahl hätte zwischen einem liebevollen Wochenende mit meinem Partner oder einem Schulausflug mit meinen Kindern, was würde ich wählen?*

Ich empfehle jedoch, anstrengende Fragen zu formulieren. Je anstrengender die Frage ist, desto wahrheitsgemäßer wird die Antwort sein.

Ein Beispiel: Eines Tages befinde ich mich plötzlich in einer brenzlingen Situation. Ein geheimnisvolles Wesen bietet mir die Chance, meine Kinder aus einer sehr gefährlichen Situation zu retten, aber zu einem unglaublich hohen Preis: Ich muss für immer auf Liebe verzichten. Das bedeutet, dass ich für niemanden mehr Liebe empfinden werde.

Für welchen Wert entscheide ich mich zu sparen?

Natürlich ist dies ein surreales Szenario. Tatsächlich geht es darum, Fragen zu stellen, die Schwierigkeiten bereiten.

Zwischen diesen beiden Werten entscheide ich mich für Kinder, so dass der Wert der Kinder für mich an erster Stelle steht.

Die gleiche Arbeit wird nun mit allen anderen Werten gemacht. Nehmen wir das Selbstwertgefühl: Was muss gefühlt werden, damit es ein Selbstwertgefühl gibt? Selbstvertrauen, innere Stärke und so weiter. Lassen Sie uns nun wieder eine Situation schaffen, in der wir zwischen "Liebe" und "Selbstwertgefühl" wählen müssen: *Was wäre, wenn ich mich entscheiden müsste, immer und in jedem Kontext selbstbewusst zu sein, keine Angst vor irgendetwas zu haben oder Liebe zu erfahren?*

Oder mit einer anstrengenderen Frage: *Ein mächtiger, erfolgreicher Mann verspricht mir, mir die perfekte Formel zu liefern, um in jeder Situation Selbstwertgefühl zu erleben, ich werde vor nichts mehr Angst haben und bei allem, was ich tue, immer Vertrauen in meine Fähigkeiten haben, aber ich werde für immer ohne Liebe leben.* Entscheide ich mich für das Selbstwertgefühl, oder ziehe ich die Liebe vor, indem ich das Selbstwertgefühl für immer aufgebe?

Auch diese Frage mag absurd erscheinen, denn wenn man rational darüber nachdenkt, ist es eine eher unwahrscheinliche Situation. Aber gerade die Komplexität der Frage lässt die Masken fallen und die wahren Werte, die wir tief in uns tragen, zum Vorschein kommen.

Manche entscheiden sich sogar für das Selbstwertgefühl, da dies ein essentieller Wert ist. Für viele andere ist ein Leben ohne Liebe unvorstellbar.

Auch hier ändert sich der Maßstab nicht.

Gehen wir zur nächsten Wahl über:
Ein einflussreicher Mentor ist bereit, mir das Geheimnis zu verraten, wie ich mein Selbstwertgefühl in jedem Kontext ständig kultivieren oder für den Rest meines Lebens dauerhaften inneren Frieden finden kann. Diese beiden Optionen schließen sich jedoch gegenseitig aus und zwingen mich, eine schwierige Entscheidung zu treffen. Wenn ich mich für Selbstvertrauen entscheide, werde ich der selbstbewussteste Mann der Welt sein, aber ich werde von einem ständigen Strom von Gedanken und Ängsten geplagt werden. Entscheide ich mich hingegen für den Frieden, kann ich für den Rest meiner Tage ein ruhiges Dasein genießen, aber ich verliere jede Form von Selbstwertgefühl und jede Form der Verbindung mit meiner Körperlichkeit, meinen Überzeugungen und allem Materiellen.

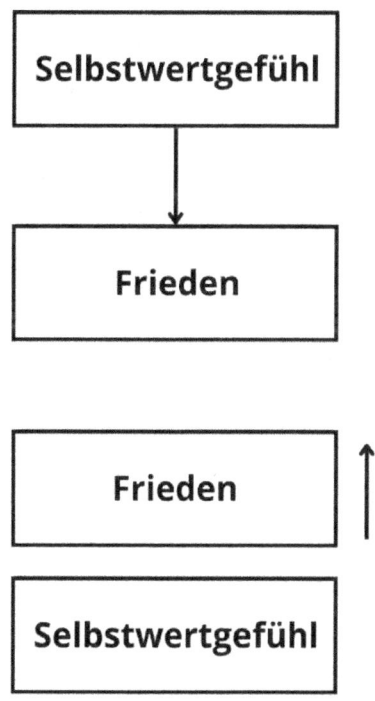

In diesem Fall entscheide ich mich für den Frieden.

So geht es weiter bis zum Ende der Skala, und jeder Mensch wird eine Veränderung feststellen. Ich zum Beispiel habe meine Skala am Ende dieser Übung leicht verändert, sie sieht jetzt folgendermaßen aus

Kinder	**1**
Frieden	**2**
Liebe	**3**
Freude	**4**
Selbstwertgefühl	**5**
Freundschaft	**6**

Ein Fehler, der oft gemacht wird, ist, bestimmte Werte zu vergessen, die im Allgemeinen immer von allen geteilt werden. Ich spreche von **Geld**, **Gesundheit** und **Sex**. Ohne heuchlerisch sein zu wollen: Diese drei Werte sind die Grundlage des Lebens eines jeden Menschen, zumindest zwei von drei. Versuchen Sie sich nun vorzustellen, wie meine Werteskala aussehen würde, wenn ich Sex, Geld und Gesundheit hinzufügen würde? Natürlich ändert sich jede Skala von Mensch zu Mensch und vor allem von Situation zu Situation. Niemand kann jemals dieselbe Werteskala haben wie jemand anderes, weil jeder von uns ein ganz eigenes Leben und eine ganz eigene Situation hat.

Denken Sie daran, dass Sie Fragen erstellen müssen, die für jeden Wert auf der Skala eine Wahlmöglichkeit bieten, entweder Ihre oder die des Patienten. In dem Beispiel, das ich Ihnen gegeben habe, müssen die Werte "Frieden", "Liebe", "Freude", "Geld" usw. miteinander verglichen werden. Die Werte "Liebe", "Geld" usw. müssen miteinander verglichen werden.

Welchen Sinn hat es dann, eine Werteskala zu erstellen? In der Lage zu sein, tief in sich selbst zu graben, um zu verstehen, welche Werte unsere Handlungen wirklich antreiben, welche Werte zurückgestuft werden können und welche Werte unsere Handlungen nicht antreiben.

Ich empfehle Ihnen, diese Übung mit anderen Personen durchzuführen, sei es mit Ihnen als Coach und mit jemand anderem als Patient, und, warum nicht, versuchen Sie, Ihre eigene persönliche Werteskala zu erstellen und diese Übung mit Ihrer eigenen Situation durchzuführen.

Vielleicht entdecken Sie Aspekte von sich selbst, die Sie bisher nicht kannten oder die Sie sogar vor Ihrem eigenen Verstand verborgen hielten.

Sie werden vielleicht überrascht sein, wie ein weitverbreiteter Wert, den Sie als wesentlich definiert haben, von anderen Werten, die Sie vielleicht als weniger wichtig erachtet haben, in den Schatten gestellt wird.

Kapitel 3

TOTE

Um eine exzellente strategische Ausbildung zu erreichen, wird bei NLP die Tote-Methode, d.h. Test - Operate - Test - Exit, angewendet.

Sprechen wir über ein System der Arbeit, eine Formation von Strategien, einen Weg, der es Ihnen ermöglicht, von Punkt A zu Punkt B zu gelangen, dann von einem Ausgangspunkt zum gewünschten Punkt. Mit der s.m.a.r.t. -Methode, über die ich im ersten Band gesprochen habe, haben wir gesehen, wie man eine gute Zielformation aufbaut. Jetzt ist es an der Zeit zu verstehen, wie man mit der Tote-Methode eine Strategie definiert und erstellt. Im Grunde wird sie verwendet, um herauszufinden, ob ein bestimmtes Verhalten effektiv ist, um ein Ziel zu erreichen.

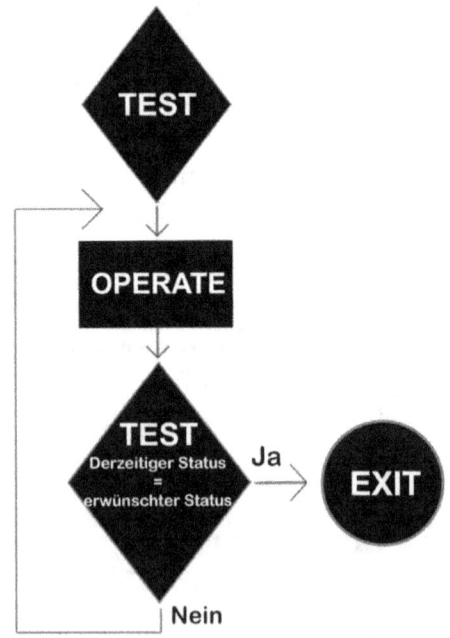

Die Ausarbeitung einer Strategie erfordert zunächst eine Testphase, d. h. ein Verständnis dafür, wo wir ansetzen müssen und was uns bereits zur Verfügung steht.

Dann brauchen wir eine Operation, d. h. etwas, das getan wird, oder eine Aktion, um uns vom gegenwärtigen Zustand zum gewünschten Zustand zu bringen.

Nach der Durchführung des Vorgangs muss ein weiterer Test durchgeführt werden, d. h. es muss festgestellt werden, ob der durchgeführte Vorgang erfolgreich war oder nicht, und zwar so, dass sich aus diesem Test ein Entscheidungspunkt ergibt, der genau zum Ausgang, zum Exit führen kann.

L'exit ist der Entscheidungspunkt. Von hier aus wird auf der Grundlage der erzielten Ergebnisse entschieden, ob man "aussteigt", d. h. das gesetzte Ziel erreicht, oder ob man zurückgeht und etwas ändert.

Warum ist der Entscheidungspunkt so wichtig? Weil man vielleicht eine neue Strategie entwickeln, etwas Neues machen oder sogar zu einer früheren Aktion zurückkehren möchte oder irgendetwas anderes, das funktional ist, um das Ziel zu erreichen und somit die richtige Strategie zu entwickeln.

Trotz allem ist das Tote-System nicht komplex: Es basiert im Wesentlichen auf Fragen, die zu beantworten sind. Für jeden Abschnitt gibt es Fragen, die Sie beantworten müssen, beginnend mit dem Ziel, das Sie erreichen wollen, so dass Sie die genaue Strategie und die verschiedenen Punkte für den Test festlegen können.

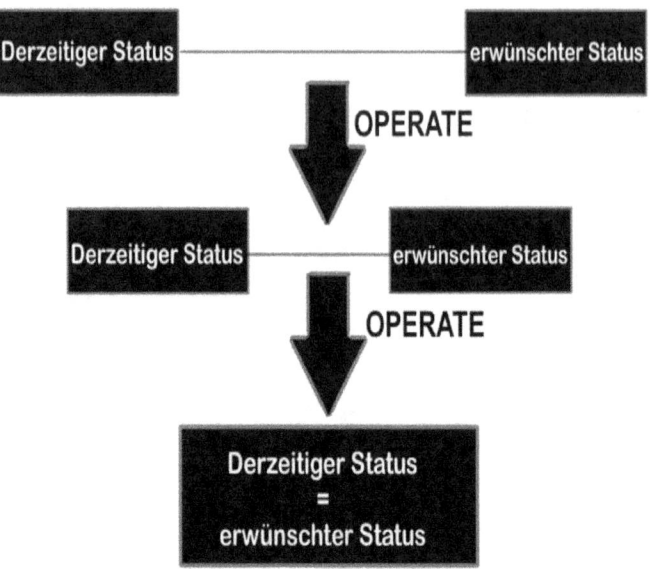

Versuchen wir nun aber zu verstehen, was die grundlegenden Merkmale einer elegant formulierten Strategie sind. Erstens müssen wir ein wohlgeformtes Ziel haben: Die Strategie muss eine Reihe von Sammelpunkten, von Informationen, von Rückmeldungen haben, damit die Strategie gebildet werden kann. Der zweite Punkt ist, dass die Strategie auf den drei grundlegenden Repräsentationssystemen umgesetzt werden muss, so dass sie multisensorisch ist. Der dritte Punkt besagt, dass eine Strategie vor einem Entscheidungspunkt keinen Rückschritt macht. Der vierte Punkt schließlich besagt, dass eine Strategie nach einer bestimmten Anzahl von Schritten ein externes Feedback haben muss, d. h. wir müssen in der Lage sein zu verstehen, wo wir uns befinden, und dies muss uns durch externes Feedback mitgeteilt werden. Im Grunde beinhaltet diese Kontrolle ein Feedback von einer geeigneten externen Ressource, aber Sie werden dies anhand der Fragen, die Sie in Kürze lesen , besser verstehen.

Die erste Phase ist eine Erkundungsphase: Sie bringt ans Licht, was Sie brauchen, um die nächste Stufe zu erreichen. Verstehen Sie also zunächst, wie Ihr innerer Teil in Bezug auf Ihr Ziel funktioniert. Nehmen wir ein beliebiges Ziel, z. B. eine Sprache wie Chinesisch besser zu lernen; dann werden wir das Tote-System anwenden, um die am besten geeignete Strategie zu entwickeln, um das Ziel zu erreichen, das wir uns gesetzt haben. Dazu müssen wir eine Reihe von Fragen beantworten: Die ersten Fragen sind allgemeiner Art, dann folgen Testfragen und schließlich Fragen zur Aufgabe. Anhand dieser Fragen können wir den ersten Testpunkt, dann die Operation, dann den Test und schließlich den Ausgang festlegen.

Hier sind die ersten Fragen, beantworten Sie sie alle, schreiben Sie sie auf ein Blatt Papier und lesen Sie dann weiter.

Erhebungsfragen:

Gab es eine Zeit oder einen Moment in Ihrem Leben, in dem Sie etwas schnell lernen konnten?

Was würden Sie tun, wenn Sie etwas schnell lernen müssten?

Was passiert, wenn Sie anfangen, etwas zu lernen?

Fragen zur Erhebung von Vorgängen:

Was tun Sie, wenn Sie sich nicht sicher sind, ob Sie Ihre Kriterien erfüllt haben?

Was tun Sie, um sich auf das Lernen vorzubereiten?

Welche Schritte befolgen Sie, um schnell zu lernen?

Durchführung des Tests:

Wie kann man sich selbst beweisen, dass man etwas erfolgreich gelernt hat?

Woher wissen Sie, ob Sie schnell gelernt haben?

Was fühlen Sie, wenn Sie das gewünschte Ergebnis erreicht haben?

Erhebung des Entscheidungspunktes:

Woher wissen Sie, dass Sie bereit sind, weiterzuziehen?

Woher wissen Sie, ob Sie etwas bisher nicht zu Ende gelernt haben?

Woran erkennt man, dass man etwas gut und schnell gelernt hat?

Woran erkennen Sie, dass Sie nicht in der Lage sind, etwas zu lernen?

Auslöser:

Woher wissen Sie, wann Sie mit dem Prozess der...?

Woran erkennen Sie, dass Sie bereit sind, ...?

Sie werden bemerkt haben, dass es sich bei allen Fragen um Fragen zum Metamodell handelt, das Sie durch die Lektüre des vorherigen Buches kennengelernt haben. Das Metamodell ist eines der wichtigsten Werkzeuge in der NLP, aber auch in der Kommunikation im Allgemeinen, denn wer die Fragen beherrscht, hat einen großen Vorteil in der Kommunikation.

Sie sehen also schon an diesen Fragen, dass die gesamte Strategieentwicklung auf den Fragen des Metamodells beruht: Dank dieser Fragen können Sie genau das erreichen, was Sie brauchen, um Ihr Ziel zu erreichen.

Nun können wir zur zweiten Runde von Fragen übergehen, wiederum Fragen zum Metamodell, die Ihnen helfen werden, die Strategie optimal zu gestalten.

Betrieb:

Was tun Sie, wenn Sie sicher sind, dass Sie Ihr Ziel nicht erreicht haben?

Was passiert, sobald Sie anfangen?

Was tun Sie als Erstes?

Prüfung:

Woher wissen Sie, dass Sie Ihre Kriterien erfüllt haben?

Welche Vergleiche ziehen Sie?

Punkt der Wahl:

Woher wissen Sie, dass Sie fertig sind?

Woran erkennen Sie, dass Sie erfolgreich waren?

Woran erkennen Sie, dass Sie am Ende sind?

Woran erkennen Sie, dass Sie bereit sind, weiterzuziehen?

Denken Sie daran, dass dieser ganze Prozess für jedes Ziel durchgeführt werden sollte, wenn Sie sich an einem Punkt A befinden und einen Punkt B erreichen wollen. Bedenken Sie, dass dieser Prozess beim Coaching abläuft: Ein Coach hilft einer Person, ein Ziel zu setzen, und entwickelt gemeinsam eine Strategie. Verstehen Sie, dass dies ein Prozess ist, den Sie entweder auf andere Menschen übertragen oder für sich selbst nutzen können, indem Sie selbst die Rolle eines persönlichen Coaches übernehmen. Erinnern Sie sich daran, dass NLP geschaffen wurde, um zu coachen, zu therapieren, anderen zu helfen, also können Sie es bei sich selbst anwenden, aber auch bei anderen.

Jetzt werden wir uns die letzten Fragen ansehen, die Sie brauchen, um die Vollständigkeit der Strategien zu verstehen. In einigen von ihnen werden Sie den Begriff "Kunde" finden, warum? Weil es so ist, als ob Sie der Coach sind und einen Kunden vor sich haben, um die Vielseitigkeit der NLP zu verstehen.

Bestimmung der strategischen Vollständigkeit:

Verfügen Sie über alle Schritte, die die operative Phase ausmachen?

Ergibt die Strategie einen logischen Sinn?

Was ist der erste Test, mit dem Ihre Strategie beginnt?

Was ist der zweite Test?

Kennen Sie die Bedeutung der Untermodi Ihrer Strategie?

Können Sie Ihre Strategie so planen, dass Sie alle Schritte kennen, um von Punkt A zu Punkt B zu gelangen?

Wissen Sie, welche Änderungen die Strategie von einem Punkt zum anderen bringen?

Können Sie oder Ihr Kunde auf der Grundlage dieser Fragen die Strategie erneut zeigen/könnten Sie sie zeigen/zeigen?

Jetzt haben Sie alles, was Sie brauchen, um eine gute Strategie zu entwickeln. Jetzt bitte ich Sie, den Prozess auf sich selbst, auf andere, aber vor allem auf weitere Teile Ihres Lebens, auf weitere Ziele anzuwenden. Und nun, da Sie wirklich am Ende dieses Kapitels angelangt sind, schlage ich Ihnen eine letzte Übung vor: um von Punkt A zu Punkt B zu gelangen, damit Sie in der Lage sind, Verhaltensweisen in funktionale Ziele für Ihr Leben und Ihre Existenz umzuwandeln. Wenden Sie an, was Sie in diesem Kapitel gelernt haben, um eine Strategie zu entwickeln und von Punkt A zu Punkt B zu gelangen.

Von blockiert zu motiviert: Schreiben Sie Ihre Gründe auf.

_____

_____

_____

Von unsicher bis entschieden: Schreiben Sie Ihre Gründe auf.

_____

_____

_____

Von gelangweilt bis begeistert: Schreiben Sie Ihre Gründe auf.

_____

_____

_____

Von negativ zu positiv: Schreiben Sie Ihre Gründe auf.

_____

_____

_____

Von ernst bis fröhlich: Schreiben Sie Ihre Gründe auf.

_____

_____

_____

Von Desinteresse bis Liebe: Schreiben Sie Ihre Gründe auf.

_____

_____

_____

Kapitel 4

Schemata unterbrechen

In diesem Kapitel werden wir eine in der NLP sehr verbreitete Praxis analysieren: die Musterunterbrechung, besser bekannt als Interrupt, die darin besteht, ein gewohnheitsmäßiges Verhalten oder eine mentale Schleife zu unterbrechen, also etwas, das Sie in eine bestimmte, vielleicht negative Stimmung versetzt.

Es ist uns allen schon passiert, dass wir über einem Problem gebrütet haben, das uns beunruhigt: Im neurolinguistischen Programmieren ist das Konzept der Musterunterbrechung essenziell, weil es uns hilft, bestimmte Techniken und Strategien zu festigen, die für NLP spezifisch sind. Ich gehe von einer sehr interessanten Anekdote aus: Während einer Konferenz sah sich der berühmte Therapeut Erickson einem Mann gegenüber. Dieser ging auf ihn zu, um ihn zu begrüßen und ihm die Hand zu geben, aber Erickson bückte sich, anstatt ihm die Hand zu geben, um sich die Schuhe zu binden. Diese Person war einen Moment lang verwirrt, Erickson bemerkte dies und sagte zu ihr: "Schließen Sie jetzt die Augen und gehen Sie in Trance.

Was war geschehen? Es gab einen Musterbruch: Die Person war davon überzeugt, dass Erickson ihr die Hand geben würde, was er aber nicht tat.

Dasselbe geschieht in unserem Geist: In dem Moment, in dem wir eine gedankliche Schleife haben, die in unserem Geist entsteht, wenn wir unseren Fokus woanders hin verlagern, verlagern wir ihn auf etwas, das wir sehen, also fangen wir an zu zählen, wie viele Autos vor uns vorbeifahren, oder wir fangen an, einer anderen Tätigkeit nachzugehen. In diesem Fall werden unsere Gedanken unterbrochen, die Endlosschleife hat eine Unterbrechung, die den Fokus völlig verschiebt, und so verändern sich auch die Empfindungen. Bevor wir uns ein praktisches Beispiel ansehen, müssen wir bedenken, dass es ganz bestimmte Schritte gibt, die uns dazu bringen, ein Muster zu unterbrechen oder unsere Muster zu durchbrechen. Zunächst geht es um die Analyse: Beobachten Sie das gewohnte Verhalten der Person. Es könnte Ihnen zum Beispiel auffallen, dass er Sie oft um Gefallen oder Ratschläge bittet oder dass er immer wieder versucht, Sie zu etwas zu überreden, was Ihnen unangenehm ist. Dann müssen wir versuchen, die Person zu überraschen, so wie es Erickson tat: Wenn Sie mit dieser Person sprechen, versuchen Sie, sie auf freundliche und unerwartete Weise zu überraschen. Wenn er Sie zum Beispiel normalerweise um einen Gefallen bittet, könnten Sie anders reagieren. Beobachten Sie die Reaktion der Person: Beobachten Sie, wie die Person auf Ihre Überraschung oder Unterbrechung ihrer Verhaltensmuster reagiert.

Dank der Musterunterbrechung können Sie manipulative Menschen erkennen. Wenn der Manipulator nämlich eine andere und unerwartete Antwort erhält (die die Schleife unterbricht), kann er verwirrt sein oder schnell versuchen, das Gespräch wieder in das übliche Muster zu bringen. Stellen Sie also offene Fragen, die detaillierte Antworten erfordern, anstatt mit "Ja" oder "Nein" zu antworten. Statt "Brauchen Sie Hilfe?" könnten Sie zum Beispiel fragen: "Warum glauben Sie, dass Sie Hilfe brauchen?".

Schließlich sollten Sie sich vier grundlegende Schritte merken:

- Hören Sie sich die Antworten der Person während des Gesprächs genau an und achten Sie auf Anzeichen von Konsistenz oder Inkonsistenz;

- Wenn der Verdacht auf Manipulation besteht, vergleichen Sie das aktuelle Verhalten mit früheren Erfahrungen;

- Behalten Sie die Kontrolle über das Gespräch und Ihre Entscheidungen;

- Lassen Sie sich nicht von unangemessenen Forderungen oder Druck beeinflussen.

Ich höre oft, dass NLP nicht im Verkauf eingesetzt werden kann, weil der Verkauf praktische Fähigkeiten und keine "Hypnosetricks" erfordert. Tatsächlich wurde die Brücke zwischen reiner Beratung/Coaching und der kommerziellen Nutzung von Coaching und Sprachfertigkeiten von den Vätern der NLP, Richard Bandler und John Grinder, nach dem Studium der Techniken von Milton Erickson geschlagen. Bandler experimentierte insbesondere mit der Anwendung der Musterunterbrechung bei Patienten in psychiatrischen Kliniken, und eine der Geschichten, die er noch heute in seinen Kursen erzählt, handelt davon, wie er diese Technik bei einem Patienten einsetzte, der sich für Jesus Christus hielt. Er bestand darauf, Jesus zu sein, und natürlich hatte es keine Wirkung, wenn die

Leute zu ihm sagten: "Kommen Sie, hören Sie auf, Sie sind nicht Jesus.... Wie kannst du nur so denken? Bandler ging auf den Mann zu, fragte ihn, ob er wirklich Jesus sei und bekam eine bejahende Antwort. Dann ging er hinaus und kam mit zwei Holzbrettern, langen Nägeln und einem Hammer zurück. Der Psychotiker fragte ihn: "Wofür ist das gut? Bandler antwortete: "Wenn Sie Jesus Christus sind, dann wissen Sie, wozu das gut ist. Wir müssen dich kreuzigen." Der Psychotiker bricht sofort aus seinem Muster aus: "Ich bin nicht der echte Jesus Christus. Ich bilde ihn mir nur ein".

Indem das Muster durchbrochen wird, wird die Abwehrmauer des Patienten durchbrochen, was in dieser Geschichte der erste Schritt zur Veränderung ist.

Aber in der realen Welt des Verkaufs und der Arbeit? Es gibt mehrere effektive Möglichkeiten, diese Technik im beruflichen Kontext einzusetzen, von der Kommunikation mit einem Team bis hin zum Gespräch mit einem potenziellen Kunden. Eines der größten Probleme für Verkäufer ist zum Beispiel, dass die Kunden heute ziemlich raffiniert und gerissen sind: Sie wissen bereits, was sie erwarten und können jedem Verkaufsansatz von vornherein mit ein oder zwei Standardantworten begegnen.

"Wir sind mit dem, was wir haben, zufrieden.

Wir haben keinen Haushaltsplan für dieses Jahr, wir werden in sechs Monaten darüber sprechen".

Dies sind die Antworten, die oft eine subtile negative Reaktion auslösen, wenn sie gehört werden. Das Durchbrechen des Musters ist auch nützlich, um eine manipulative Beziehung zu erkennen. Betrachten wir ein Beispiel: Sie sprechen mit einem potenziellen Kunden oder sind selbst Kunde und es scheint, dass Sie oder die andere Person etwas bekommen oder Entscheidungen beeinflussen wollen. Wenn Sie ein Muster durchbrechen wollen, müssen Sie in der Lage sein, eine unerwartete Antwort zu geben, wie im folgenden Beispiel:

Kunde: "Es ist eine Krisenzeit, ich habe kein Geld für diesen Kauf".

Verkäufer: "Ihr Büro befindet sich im obersten Stockwerk dieses Gebäudes, nicht wahr?"

Kunde: "Wie bitte? Ich verstehe nicht, er hat mir die Kosten für das Produkt erklärt".

Der Verkäufer lächelt: "Ja, aber wenn es eine schwarze Periode ist, ist es besser, von den Fenstern wegzugehen, meinen Sie nicht auch"?

Kunde: "Nun, nein. An diesem Punkt sind wir glücklicherweise bisher nicht".

Verkäufer: "Sehr gut, dann können wir einen kleinen Rabatt für eine größere Abnahmemenge in Betracht ziehen".

Was war geschehen? Der Kunde sagte, es sei nicht der richtige Zeitpunkt für einen Kauf, der Verkäufer wies darauf hin, dass der Zeitpunkt wirklich nicht der richtige sei, der Kunde reagierte negativ, und der Verkäufer schaffte es irgendwie, den Kunden zum Kauf zu bewegen. Der wichtigste Punkt, auf den man sich konzentrieren muss, ist zu verstehen, wie man das Muster durchbrechen kann, um die Muster der Person, die vor einem steht, zumindest für einen Moment "zurückzusetzen", so dass sie einem wirklich ohne Vorurteile zuhören kann.

Einer der häufigsten Fehler von Verkäufern besteht darin, dass sie es nicht gewohnt sind, Muster zu durchbrechen: Antworten auf typische Einwände müssen im Voraus vorbereitet werden und müssen an Ort und Stelle verwendet werden, als ob sie zum ersten Mal gesagt würden. Der Verkäufer akzeptiert das Nein und sucht nicht nach alternativen Lösungen. Interessanterweise wenden wir alle ganz natürlich in vielen Situationen des Lebens Muster an, auch wenn wir uns dessen nicht bewusst sind. Denken Sie daran, wenn Sie ein Baby vom Weinen ablenken, indem Sie seine Aufmerksamkeit auf etwas anderes lenken. Im Berufsleben neigen wir eher dazu, nach Gründen zu suchen, warum etwas nicht geht und warum es nicht getan werden kann, als die Sache aus einem anderen Blickwinkel zu betrachten, selbst wenn es ein sensorischer ist.

Ein weiterer wichtiger Punkt ist, dass man etwas unternehmen muss, wenn man ein Ziel erreichen will. Es ist nicht ungewöhnlich, dass man mit Hindernissen konfrontiert wird, z. B. mit einer Absage von jemandem. Das Ziel eines Verkäufers ist es, mehr zu verkaufen, ein "Nein" von einem Kunden kann schwer zu verkraften sein. Aus diesem Grund kann das Durchbrechen der Form Ihre Perspektive verändern und in einigen Fällen das Ergebnis einer Aktion verändern.

Das Ausbrechen aus dem Rahmen ist natürlich nicht nur auf Verkäufer beschränkt. Ein weiteres Beispiel könnte eine Person sein, die ihren sozialen Kreis erweitern möchte, oder jemand, der sich nähern und verführen möchte, ohne unvorbereitet auf Ablehnung zu sein.

Üben Sie sich im Durchbrechen von Mustern: Denken Sie an die häufigsten Einwände, die ein Verkäufer täglich von einem Kunden zu hören bekommt, schreiben Sie sie auf und versuchen Sie, eine Antwort vorzubereiten, die konventionell und angemessen ist und vor allem ein Muster durchbrechen kann.

Kapitel 5

Wahrgenommene Positionen

In diesem Kapitel werden wir ein leistungsfähiges NLP-Tool analysieren, das Sie vielfach verwenden können: Ich spreche von der wahrnehmungsbezogenen Positionsverschiebung.

Aber was sind Wahrnehmungspositionen?

NLP-Wahrnehmungspositionen sind ein außergewöhnliches Werkzeug des Neurolinguistischen Programmierens: Sie beruhen auf dem Prinzip, dass Ressourcen wie Überzeugungen, Werte, Fähigkeiten und Verhaltensweisen von einem emotionalen Zustand auf einen anderen übertragen und in diesen integriert werden können. Dieser Prozess, der "map accross" genannt wird, ermöglicht es, andere Standpunkte zu akzeptieren und die eigene Durchsetzungsfähigkeit zu erhöhen. Man kann einschränkende Überzeugungen ändern, andere besser verstehen, Lösungen für seine Probleme formulieren, seine Kommunikationsfähigkeiten und Beziehungen verbessern und unmittelbare Veränderungen in seiner Wahrnehmung der Welt erreichen. Metaphorisch gesehen sind Wahrnehmungshaltungen die Fähigkeit, sich in die Lage anderer zu versetzen oder die Filter anderer zu benutzen und so die Welt anders wahrzunehmen.

Die erste Wahrnehmungsposition ist die Position, in der Sie sich in die Lage anderer versetzen oder deren Filter verwenden und die Welt durch Ihre normalen Filter wahrnehmen. Dieser Zustand wird auch als "vollständig verbunden" bezeichnet. In dieser Position nehmen Sie eine Situation wahr, indem Sie sich auf das konzentrieren, was für Sie wichtig ist: Die Werte und Überzeugungen, mit denen Sie Ereignisse beurteilen, sind Ihre eigenen, ebenso wie die Verhaltensweisen, die Sie ausführen.

Die zweite Wahrnehmungsposition ist diejenige, in der Sie in die Schuhe der anderen Person schlüpfen, die an der Situation beteiligt ist. Die zweite Position ermöglicht es Ihnen, sich von Ihren gewohnten Filtern zu lösen und wird auch als "dissoziierter Zustand" bezeichnet. In dieser Position sind Sie in der Lage, die Situation wahrzunehmen, indem Sie sich auf das konzentrieren, was für die andere Person wichtig ist. Sie sind in der Lage, die Werte, Überzeugungen und Verhaltensweisen der anderen Person anzuwenden, ohne von Ihren Filtern beeinflusst zu werden.

Die dritte Wahrnehmungsposition ist diejenige, in der man die Kleidung oder die Filter eines Beobachters außerhalb der Situation anlegt, der nicht direkt an ihr beteiligt ist. Die dritte Position erlaubt es, völlig neutrale Filter anzunehmen. Diese Position wird manchmal auch als "Berater" bezeichnet und ist in drei Unterkategorien unterteilt:

- **Reine dritte Position:** Dies ist eine Position, die weder die erste noch die zweite Position ist, bei der aber bereits die Filter der ersten und zweiten Position verwendet wurden;

- **Meta-Position:** Sie befindet sich weder in der ersten noch in der zweiten Position, hat aber dennoch bereits die Schuhe der ersten Wahrnehmungsposition benutzt und ist gleichzeitig nicht in die Situation involviert;

- **Beobachter:** eine Position, die weder die Erste noch die Zweite ist und weder ein Urteil noch eine Überzeugung über die erste oder die zweite Position zum Ausdruck bringt.

Die vierte Position ist die Summe der anderen drei Positionen und wird oft als "System" bezeichnet.

Aber ist es wirklich möglich, die Wahrnehmungsposition zu wechseln, und was bedeutet das? Der Wechsel der Wahrnehmungsposition ermöglicht es uns, aus unserem Körper herauszutreten und die Welt, das Leben, die Erfahrung, den Kontext, den Streit aus dem Blickwinkel des anderen zu sehen. Aber es ist nicht nur ein Hineinversetzen in die Person, sondern ein wirkliches Hineinversetzen in die Person, d.h. ein Wechsel der Wahrnehmungsposition.

Wenn ich meine Wahrnehmungsposition ändern würde, müsste ich jetzt zu dem PC werden, mit dem ich dieses Buch schreibe. Der Wechsel der Wahrnehmungsposition kann manchmal echte Magie erzeugen, denn wenn eine Person in einem veränderten Bewusstseinszustand aus ihrem Körper in den Körper einer anderen Person oder eines anderen Elements tritt, ist es so, als ob Sie ihn oder sie irgendwie in eine der klassischen Techniken führen, indem Sie direkt aus diesem Körper heraustreten. Und wenn du in diese Person eintrittst, nimmst du ihr Bewusstsein, ihr Wissen, ihre Geschichte, ihre Konditionierung, ihre Mentalität, ihren Charakter an und beobachtest mit ihren Augen. Um in die andere Landkarte zu gelangen, ist eine der besten Methoden, die Wahrnehmungsposition zu verändern, so dass die Dinge auf eine völlig andere Weise gesehen werden.

Obwohl es schwierig erscheinen mag, Filter für verschiedene Wahrnehmungspositionen zu verwenden, ist es eigentlich relativ einfach. Einfach ausgedrückt reicht es aus, auf vier verschiedene Flächen auf dem Boden zu zeigen, die unterschiedliche Wahrnehmungspositionen darstellen, und von einer zur anderen zu wechseln, wobei man sich mit der Position selbst identifiziert. Weniger vereinfacht ausgedrückt, kann man auf diese Weise von einer Position zur anderen wechseln:

- Markierung der Position: Auf dem Boden werden vier Felder definiert, die verschiedene Wahrnehmungspositionen und eine neutrale Position darstellen. Diese Felder müssen weit genug voneinander entfernt sein, um eine räumliche Trennung zwischen den einzelnen Positionen zu ermöglichen;

- Verankerung von Wahrnehmungspositionen: Man begibt sich in den zuerst identifizierten Raum und assoziiert ihn mit der Situation, die man lösen will, indem man darüber nachdenkt oder sie verbal beschreibt;

- Testen der Wahrnehmungspositionsanker: Jedes Mal, wenn ein Wahrnehmungspositionsanker erstellt wird, kehren Sie nach einer Pause zu der soeben verankerten Wahrnehmungsposition zurück und überprüfen, ob die Filter und die Physiologie der durch diese Position repräsentierten Person automatisch aktiviert werden. Ist dies nicht der Fall, wird der Verankerungsprozess wiederholt, bis das gewünschte Ergebnis erreicht ist.

Warum ist das nützlich? Denken Sie an all die Momente, in denen Sie nicht verstanden haben, warum sich eine Person auf eine bestimmte Weise verhalten hat: Wenn Sie sich auf die andere Seite begeben, können Sie die Gründe verstehen.

Nehmen wir an, wir haben eine Person, die ein Problem mit einer anderen Person hat, also ein Beziehungsproblem. In diesem Fall könnte man im Wachzustand den Geist dazu bringen, sich das zentrale Ereignis ins Gedächtnis zu rufen, das die Meinungsverschiedenheit ausgelöst hat: Wenn Sie der Coach sind oder es selbst tun, leiten Sie die Person an, in ihren Körper einzutreten, dann aus ihrem Körper herauszukommen, nachdem sie ihre Gründe dargelegt hat, und in den Körper der anderen Person einzutreten und die gleiche Szene auf der anderen Seite zu machen. Jetzt ist es also die andere Person, die ihre Fehler und Gründe offenlegt und ihre Wahrheiten zeigt. An dieser Stelle ist es sinnvoll, eine dritte Verschiebung vorzunehmen, d.h. einen dritten Wechsel der Wahrnehmungsposition: Stellen wir uns einen dritten Beobachter vor, der keinen der beiden kennt; der dritte Beobachter beobachtet also diesen Streit von außen. In der Position des Beobachters, ohne in der Denkweise der beiden Streitenden zu sein, kann man von außen Dinge beobachten, die man von innen nicht beobachten kann.

Aber wir können noch einen Schritt weitergehen: zur vierten Wahrnehmungsposition, der übergeordneten Position oder Gesamtposition derjenigen, die von oben oder aus der Perspektive des "Wir" (verstanden als die Summe) sehen. Stellen Sie sich das Universum vor, das von oben auf alles und jeden herabschaut, mit einer völlig anderen Sichtweise, denn das Universum von oben weiß, wie es die Bauern bewegt, es weiß, wozu es sie bewegt, es weiß, warum diese beiden Menschen kämpfen. Wenn Sie sich in die höhere Wahrnehmungsposition begeben, in diesem Fall des Universums, können Sie die Dinge verstehen, Sie können das große Ganze verstehen.

Diese Technik kann zu reiner Magie werden, wenn sie gut angewandt wird, denn sie kann in einer einzigen Sitzung unendlich viele Einsichten vermitteln, Einsichten, die von meiner Sichtweise zu einer zweiten Sichtweise, zu einer dritten Sichtweise und zu der vierten wichtigen Sichtweise des Universums führen, die Ihnen dann die globale Sichtweise vermitteln kann, die Sie verstehen lässt, warum Sie diese Person getroffen haben, warum ein Streit entstanden ist, warum es notwendig war, die Wahrnehmung des Universums zu beobachten.

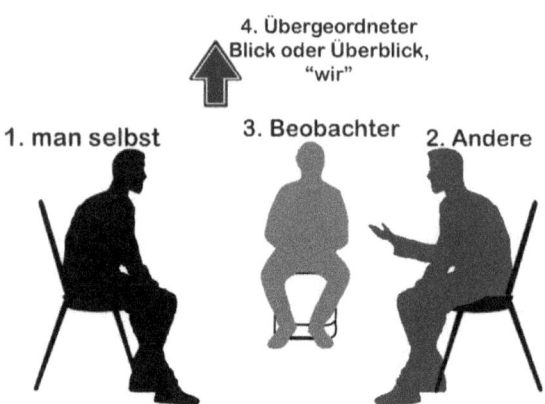

4. Übergeordneter Blick oder Überblick, "wir"

1. man selbst   3. Beobachter   2. Andere

Testen Sie diese Technik an sich selbst, aber noch wichtiger ist, dass Sie sie an vielen Menschen ausprobieren, experimentieren. Indem Sie andere in diese Zustände bringen, können Sie ihnen helfen. Machen Sie also die Position der anderen Person lebendig, machen Sie die Position der dritten Person, des Beobachters, lebendig und dann das ganze Universum.

Kapitel 6

Eriksonsche Hypnose

B evor man sich mit der Ericksonschen Hypnose befasst, sollte man ein klares Verständnis der Hypnose im Allgemeinen gewinnen.

Hypnose ist im Übringen ein veränderter Bewusstseinszustand. Dieser Zustand beinhaltet eine Fokussierung der fünf Sinne nach innen statt nach außen und ist ein Prozess, der unter verschiedenen Umständen ganz natürlich auftritt. Im Laufe eines Tages kommt es häufig vor, dass ein Mensch in einen Zustand leichter Trance oder Hypnose gerät.

Die Assoziation mit Hypnose führt oft zu dem Bild eines Hypnotiseurs, der ein Pendel benutzt, um einen Patienten in einen veränderten Zustand zu versetzen. Veränderte Bewusstseinszustände können sich jedoch in viel einfacheren und häufigeren Formen manifestieren. Stellen Sie sich zum Beispiel eine Person vor, die mit abgewandten Augen und distanziertem Blick völlig in ihre eigenen Gedanken vertieft ist. Es kan niche festgestellt werden , ob er gerade ein intensives Gefühl durchlebt oder ein vergangenes Ereignis in seinem Kopf verarbeitet. Genau dieser Zustand wird jedoch als hypnotischer Zustand bezeichnet.

Es gibt zahlreiche hypnotische Zustände, die oft nicht beachtet werden, von denen einige jedoch einen bedeutenden Einfluss auf den sozialen Bereich haben. Ein wichtiges Beispiel ist die Werbung. Nicht jeder weiß, dass Werbung nicht dazu da ist, um gesehen zu werden, sondern um ungesehen zu bleiben. Haben Sie schon einmal bei der Arbeit oder in Ihrer Freizeit etwas getan, und plötzlich kommt Ihnen der Jingle oder ein bestimmter Satz aus einem Werbespot in den Sinn?

Das liegt daran, dass die Werbung hauptsächlich auf das Unterbewusstsein abzielt. Wenn man in Gesellschaft von Freunden und Verwandten zu Mittag isst und der Fernseher läuft, ist der bewusste Verstand wahrscheinlich hauptsächlich mit der Unterhaltung der anderen Anwesenden beschäftigt. Es ist jedoch zu beachten, dass, selbst wenn man den vom Fernseher übertragenen Informationen keine Aufmerksamkeit schenkt, diese dennoch vom Unterbewusstsein der Umstehenden wahrgenommen und aufgenommen werden können. Ein ähnliches Beispiel für dieses Phänomen findet sich beim Radiohören während des Autofahrens: Auch wenn man sich nicht aktiv auf die Radiosendung konzentriert, werden die Informationen dennoch vom Unterbewusstsein verarbeitet.

Wir verstehen jetzt die Eriksonsche Hypnose. Wohlgemerkt, die eriksonianische Hypnose ist keine traditionelle Hypnose.

Die Ericksonsche Hypnose ist eine Psychotherapie, benannt nach ihrem Begründer, dem Arzt und klinischen Psychiater Milton Erickson (1901-1980). Seine Erforschung der Hypnose als therapeutisches Mittel hat Generationen von Forschern inspiriert und wurde zur Grundlage zahlreicher Kurztherapien wie der strategischen Kurztherapie, dem Mind-Body-System von Ernest Rossi und dem Neuro-Linguistischen Programmieren (NLP). Ericksons Ansatz ist sowohl naturalistisch als auch positiv: naturalistisch, weil er davon ausgeht, dass der Zustand des Patienten so akzeptiert werden muss, wie er ist, ohne Versuche einer psychologischen Umstrukturierung; positiv, weil er die funktionalen Aspekte des Subjekts hervorhebt und davon ausgeht, dass die für eine Veränderung erforderlichen Ressourcen in der Erfahrungsgeschichte der Person eingebettet sind. Es ist die hypnotische Trance, die auf diese Ressourcen einwirkt, sie aus dem Unbewussten hervorholt und ihnen ihr volles Potenzial zurückgibt. Hypnose ist ein psychosomatisches Phänomen, d. h. eine plastische Manifestation der schöpferischen Vorstellungskraft, die in geeigneter Weise in eine präzise mentale Repräsentation gelenkt wird.

Die Ericksonsche Hypnose definiert die Beziehung zwischen Therapeut und Patient neu: Während in der traditionellen Hypnose die therapeutische Beziehung ausgesprochen asymmetrisch ist, wobei der Hypnotiseur oft autoritär und direktiv ist und die Versuchsperson passiv, ist es in der von Milton Erickson perfektionierten hypnotischen Methode von grundlegender Bedeutung, eine Beziehung des gegenseitigen Respekts und der Zusammenarbeit zwischen Therapeut und Patient zu schaffen. Der Hypnotiseur muss sein Vorgehen gelegentlich an die Besonderheiten des Patienten anpassen, indem er die Ressourcen und Werkzeuge nutzt, die der Patient bereits in sich trägt und die durch die Hypnose wieder aktiviert werden können.

Milton Erickson wird die Erkenntnis zugeschrieben, dass Trancezustände keine außergewöhnlichen Phänomene sind, sondern Ereignisse, die allen Menschen gemeinsam sind. Denken Sie nur an die Leichtigkeit und Häufigkeit, mit der wir uns im Laufe des Tages von unserer Umgebung lösen, zum Beispiel beim Warten auf den Bus oder beim Lesen eines Buches, das wir besonders mögen. In der Ericksonschen Hypnose ist die hypnotische Induktion - der Prozess, durch den der Hypnotiseur die Hypnose bei der hypnotisierten Person herbeiführt - kein heteroinduziertes Phänomen mehr, sondern ein dyadisches Phänomen, das sich aus der Interaktion zwischen dem Patienten und dem Hypnotiseur ergibt. Die geschickte Anwendung der Sprachmuster von Milton Erickson (aus denen sich die Beobachtung der NLP entwickelt hat), die die Körperhaltung des Gesprächspartners und den besonderen Gebrauch der Stimme in einem gewöhnlichen Gespräch widerspiegeln, erzeugen bei den Gesprächspartnern tranceähnliche Zustände und versetzen sie in eine hypnotische Trance, die auf völlig zwanglose Weise zu therapeutischen Veränderungen führen kann. Indem der Therapeut dem Patienten zuhört, seinen Kommunikationsstil beobachtet und ihm folgt, löst er einen ganz natürlichen Zustand hypnotischer Trance aus, der die im Unterbewusstsein des Gesprächspartners vorhandenen Ressourcen stärkt.

Im Gegensatz zur klassischen Psychotherapie, die die gesamte Geschichte des Patienten untersucht, konzentriert sich die Ericksonsche Hypnose darauf, das Problem in seiner gegenwärtigen Form zu verstehen, d. h. die Symptome, die dem Patienten am meisten zu schaffen machen. Sie ist eine pragmatische, ergebnisorientierte Therapie, die sich auf die

Gegenwart und die Zukunft konzentriert; sie befasst sich nicht mit den tiefen Wurzeln des Unbehagens, sondern greift in die unmittelbaren Erscheinungsformen ein. Sie begreift Probleme als unangemessene und dysfunktionale Reaktionen auf äußere Reize. Und oft löst die Lösung eines dieser Probleme eine positive Kettenreaktion aus, die die Befreiung von anderen Quellen des Unbehagens erleichtert.

Hypnotische Suggestion kann den Patienten in die Lage versetzen, Fähigkeiten und Potenziale zu nutzen, die aufgrund mangelnder Ausbildung oder mangelnden Verständnisses ungenutzt oder unentwickelt bleiben.

Ziel des Hypnotiseurs ist es, die Individualität des Patienten sorgfältig zu erforschen, um seine Lebenserfahrungen und psychischen Fähigkeiten kennenzulernen und ihm so zu helfen, mit psychologischen und psychosomatischen Problemen umzugehen oder Schmerzen zu bewältigen; durch einen hypnotischen Ansatz wird sich der Patient seiner einzigartigen und persönlichen inneren Reaktionen bewusst. Die Hypnose kann zur Behandlung von Ängsten, Stress, Selbstwertgefühl, Phobien, Gewichtsabnahme, Raucherentwöhnung, Depressionen, Verlust- und Trauerbewältigung, Paartherapie, Vorbereitung auf Schwangerschaft und Geburt, Prüfungsvorbereitung, Erreichung persönlicher und beruflicher Ziele, Steigerung der Konzentrationsfähigkeit und Rhetorik eingesetzt werden.

Der hypnotherapeutische Ansatz umfasst drei grundlegende Phasen:

- Vorbereitungsphase: Der Therapeut erforscht das Repertoire an Lebenserfahrungen des Patienten, um einen konstruktiven Bezugsrahmen zu schaffen, der den Patienten zu therapeutischen Veränderungen führt;

- therapeutische Trance: Die mentalen Ressourcen des Patienten werden aktiviert und genutzt;

- Erkennung und Bewertung der erreichten therapeutischen Veränderung.

Ericksonsche Hypnose-Psychotherapiesitzungen dauern etwa 2 Stunden. Indirekte Hypnosetechniken sind zahlreich und es wäre schwierig, sie alle aufzuzählen, daher werden im Folgenden nur einige der wichtigsten beschrieben.

Die Technik der Verwirrung

Ziel der Verwirrungstechnik ist es, durch emotionale und kognitive Überlastung einen Zustand der Desorientierung zu schaffen, der allmählich dazu führt, dass der Betroffene den starken Wunsch verspürt, klar zu kommunizieren, um aus der Verwirrung herauszukommen. In dieser Situation ist der Patient rundum empfänglich für klare und verständliche Vorschläge. Die Technik kann rein verbal oder nonverbal sein, oder eine Kombination aus beidem. Eine Art der verwirrten Kommunikation kann die folgende sein:

"Es ist immer gut, sich dessen bewusst zu sein, was wir sagen, damit wir nicht unabsichtlich etwas sagen, was wir nicht so gemeint haben, und ebenso wichtig ist es, das Gesagte nicht unabsichtlich misszuverstehen.

Zu gegebener Zeit wird etwas Klares und Verständliches als Hinweis hinzugefügt, an dem sich das Subjekt festhalten wird, um aus der Verwirrung herauszukommen:

Jetzt können Sie sich noch mehr gönnen".

Die Kommunikation ist absichtlich komplex. Die Rede muss kohärent und so strukturiert sein, dass sie eine gewisse Anstrengung des Verstehens erfordert, damit die Aufmerksamkeit der Versuchsperson rundum auf sie gerichtet ist. Es ist wichtig, der Versuchsperson Zeit zu geben, um zu verstehen, was der Hypnotiseur sagt, indem er langsam spricht oder Pausen macht, aber nie genug, um dies zu tun. Die Schnelligkeit, Ausdauer und Sicherheit, mit der die Suggestionen gegeben werden, verhindern, dass die Versuchsperson irgendeinen Anschein von Ordnung schafft. Der Hypnotiseur muss eine vage, aber deutlich interessierte Haltung einnehmen und die Botschaften mit Zuversicht vortragen, als hätten sie eine wichtige Bedeutung, in einem Ton, der eine gewisse Erwartung vermittelt, dass die Versuchsperson versteht, was gesagt oder getan wird.

Die Technik der Verwirrung ist ein ziemlich komplexer Prozess, aber wenn Sie lernen, die grundlegenden Prozesse zu erkennen, können Sie selbst in den ungünstigsten Situationen eine schnelle Induktion erreichen.

Verbreitungsmethode

Es handelt sich im Wesentlichen um die Verbreitung von Behauptungen in einem Diskurs, der als allgemeiner Kontext dient und die bewusste Aufmerksamkeit des Subjekts gewinnen soll. Bevor der Patient seine Ablehnung oder irgendeine Form des Widerstands äußern kann, wird die Aufmerksamkeit durch den Diskurs zurückgewonnen. Auf diese Weise werden solche verdeckten Suggestionen nicht auf der bewussten Ebene wahrgenommen, da sie als Teil der Rede erscheinen, sondern nur auf einer unbewussten Ebene, wo sie ihre Wirkung entfalten können. Es handelt sich um eine Methode der indirekten Induktion, da das, was der Versuchsperson gesagt und gesagt wird, nicht explizit ist, wie bei der für die klassische Hypnose charakteristischen direkten Suggestion.

Man kann sich ein Bild von der Diffusionstechnik machen, indem man z. B. ein Märchen nimmt, in das zu gegebener Zeit und unter Wahrung der Kohärenz des Diskurses Wörter wie "Schlaf, Ruhe usw." oder Sätze mit Botschaften in Bezug auf das therapeutische Ziel oder die Tranceinduktion eingefügt werden.

Doppelbindung

Wenn wir von einer therapeutischen Doppelbindung sprechen, beziehen wir uns auf eine Form der Kommunikation, die die Illusion einer freien Wahl zwischen zwei oder mehreren

60

Optionen vermittelt. Was auch immer die Versuchsperson aus den dargebotenen Optionen wählt, wird ihr Verhalten in die gewünschte Richtung lenken. Die Doppelbindung wird als Methode der hypnotischen Induktion verwendet, beispielsweise wenn die Versuchsperson gefragt wird, ob sie jetzt oder später in Trance gehen möchte. In diesem Fall wird die Kommunikation so gestaltet, dass die Frage nicht lautet, ob die Versuchsperson in Trance gehen will, sondern ob sie dies jetzt oder später tun wird. Wie auch immer die Entscheidung ausfällt, die Implikation ist, dass er/sie in Trance gehen wird, d. h. das gewünschte Verhalten.

Die Verwendung von Doppelbindungen betrifft nicht nur den Prozess der hypnotischen Induktion, sondern ist Teil der Ericksonschen Psychotherapie, die dem Patienten Möglichkeiten zur konstruktiven Veränderung bietet. Eine Reihe von Doppelbindungen wird oft verwendet, wenn eine einzelne Bindung nicht ausreicht. Der Zweck der doppelten Bindung in der Hypnose ist es, das Bewusstsein des Patienten zu verwirren, indem gewohnheitsmäßige Muster, Tendenzen und erlernte Einschränkungen depotenziert werden.

Bedingte Vorschläge

Erickson verknüpfte eine Suggestion oft mit einem aktuellen oder unvermeidlichen Verhalten. Ein Beispiel könnte sein: "Wenn Sie sich sehr entspannt und ruhig fühlen, können Sie Ihre Augen öffnen und aufwachen".

Das unvermeidliche Verhalten (das Öffnen der Augen) hing von der Ausführung der hypnotischen Suggestion ab, um deren Ausführung zu erleichtern. Durch das Öffnen der Augen hat die Versuchsperson "akzeptiert", dass sie sich entspannt und ruhig fühlt. In diesem Fall spricht man von konditionierten Suggestionen. Konditionierte Suggestionen machen den normalen Fluss der freiwilligen Reaktionen der Versuchsperson von der Ausführung der hypnotischen Suggestion abhängig. Je mehr die Versuchsperson in ein bestimmtes Verhaltensmuster eingespannt ist, desto wirksamer wird dieses als Träger einer richtig konstruierten Suggestion sein. Wenn eine Versuchsperson auf eine Suggestion eingeht, ist es sinnvoll, unmittelbar danach eine weitere hinzuzufügen. Die Wahrscheinlichkeit, dass diese ausgeführt wird, ist ebenfalls größer. Daraus folgt, dass es sinnvoll ist, mit einfachen Vorschlägen zu beginnen, die die Versuchsperson mit größerer Wahrscheinlichkeit umsetzen wird. Der nächste Vorschlag, der schwieriger umzusetzen ist, wird auf diese Weise leichter zu erreichen sein, da die Versuchsperson eher darauf reagiert.

Kapitel 7

Entspannung und Tiefe

B eginnen wir also mit den eigentlichen Einführungen. Was bedeutet das? Es bedeutet, eine Person in einen veränderten Bewusstseinszustand zu versetzen: Es ist ein Anfangszustand, da unser Ziel einfach darin besteht, die Person in einen Zustand des Friedens, der Ruhe, des Wohlbefindens und der Entspannung zu versetzen. Natürlich braucht man bei den ersten Malen mehr Zeit, aber dann wird der Prozess schneller und einfacher.

Stellen Sie sich vor, eine Person kommt von der Arbeit oder aus einem anderen stressigen Alltag zu Ihnen und dann ist es angebracht, sie in einen Zustand der Entspannung zu bringen. Eines der einfachsten Mittel ist die fraktionierte Entspannung: Sie bringen die Person dazu, ihre Aufmerksamkeit auf die verschiedenen Körperteile zu richten, und zwar auf eine fraktionierte Weise. Man beginnt mit den Füßen, um Schritt für Schritt zum Kopf zu gelangen. Die fraktionierte Entspannung kann mehr oder weniger spezifisch sein, man kann sie je nach Bedarf verlängern oder verkürzen und sie so von Person zu Person und von Fall zu Fall anpassen.

Ein weiteres Mittel, um einen Entspannungszustand herbeizuführen, besteht darin, die Person, sobald sie die Augen schließt, an einen Moment zu erinnern, in dem sie besonders entspannt und ruhig war, und sie diese Szene noch einmal erleben zu lassen. Dabei wird ein bereits vorhandener Anker, ein schon erlebter Moment, benutzt, um die Person in diesen Zustand zu versetzen. Sie bringen sie dazu, diese Szene zu erleben, Sie bringen sie dazu, sich an alles zu erinnern, was sie gehört, gehört und gesehen hat, und auf diesen Empfindungen baut sich der Zustand der Entspannung auf, den Sie dann ausdehnen und der es Ihnen erlaubt, die Person in diesen Zustand zu bringen. Ich erinnere Sie daran, auf alles zu achten, was um Sie herum passiert: Wenn ein Motorrad oder ein Auto vorbeifährt, während Sie die Patientin in den Entspannungszustand bringen, müssen Sie es einbeziehen, wenn Sie Geräusche in der Ferne hören, werden auch diese einbezogen. Das liegt daran, dass Sie die Induktion nicht blockieren können.

Ein einfaches Beispiel könnte lauten: "Alles im Leben fließt, so wie das Fahrrad fließt, aber das macht nichts, denn man geht immer tiefer".

Aber nun zu den Fakten: Nachdem Sie mit der Person geplaudert, den ersten Kontakt hergestellt, nachgerechnet und geführt haben, sind Sie endlich an dem Punkt angelangt, an dem die Person vor Ihnen steht. Dann müssen Sie nur noch eine entspannende Musik im Hintergrund laufen lassen, die Person bitten, die Augen zu schließen und mit der Entspannung zu beginnen. Im Folgenden zeige ich Ihnen ein Beispiel für einen Dialog, den Sie führen können, um jemanden in einen Zustand der Induktion und Entspannung zu bringen. Sie können ihn so verwenden, wie er ist, oder ihn je nach der Person, die vor Ihnen steht, und deren Erfahrung anpassen.

Dialog: praktisches Beispiel für einen ersten veränderten Bewusstseinszustand

Im Folgenden werden Beispiele vorgestellt, um ein besseres Verständnis der Funktionsweise der Ericksonschen Hypnose zu ermöglichen. Diese Beispiele veranschaulichen die Annäherung an die Tiefe des Patienten. Mit anderen Worten: Wir legen unsere Hände in die Tiefe. Wenn Sie diese Technik praktizieren wollen, ist es daher unerlässlich, über die Lektüre dieses Werkes hinauszugehen. Die Ericksonsche Hypnose erfordert eine solide Kompetenz im neurolinguistischen Programmieren und sollte nicht ohne die Zustimmung der betroffenen Person praktiziert werden. Weiterhin ist es unerlässlich, sich seiner Handlungen voll bewusst zu sein, bevor man die Ericksonsche Hypnose anwendet.

Beginnen Sie damit, dass Ihr Patient die Augen schließt und eine bequeme Position einnimmt.

Schlagen Sie dem Patienten vor, sich an einen Moment in seinem Leben zu erinnern, in dem er besonders entspannt und ruhig war: Er muss diesen Moment erleben.

Er muss sich die Szene ansehen, die Details beobachten, denselben Geräuschen lauschen, die damals zu hören waren, und diesen Moment mit dem Gefühl von Frieden und Ruhe wieder erleben.

Dann muss er Frieden und Ruhe in seinem ganzen Körper ausbreiten: Jede Zelle seines Körpers wird immer entspannter und ruhiger.

Wenn sich der Körper entspannt, bringt er sein Bewusstsein zu den Zehen: Er kann feststellen, wie sie völlig entspannt und ruhig sind. Der Zustand des Friedens und der Ruhe erstreckt sich auch auf die Fußsohlen, die sich entspannen und alle Spannungen loslassen.

Nun muss der Patient sie auf die Rückseite der Füße bringen, der Zustand des Friedens und der Ruhe dehnt sich aus und steigt bis zu den Knöcheln, die immer entspannter und ruhiger werden.

Wenn er sich entspannt, merkt er, dass auch sein Geist in einen Zustand des Friedens und der Ruhe abtaucht: in jenen Zustand, in dem er die besten Ressourcen finden kann, um zu wachsen, sich zu verbessern, die Antworten auf die Fragen zu bekommen, die er bisher nicht erhalten hat, und die notwendige Erleuchtung zu haben.

Der Patient muss diese Gefühle des Friedens in seine Knie fließen lassen: Sie sind es, die ihm erlauben, sich zu bewegen und anzuhalten. Denn auch im Leben wird es wichtig sein, innezuhalten, aber auch zu springen und sich vorwärtszubewegen .

Ihr Verstand weiß genau, wann Sie aufhören müssen, wann Sie weitermachen müssen. Aber jetzt ist es an der Zeit, sich zu entspannen, in Ruhe, still zu sein und diesen Zustand des Friedens und der Ruhe bis zu den Oberschenkeln aufsteigen zu lassen, damit auch sie die Spannung loslassen und auf diesen Zustand der Entspannung mit dem Becken und dann mit dem Rücken reagieren können.

Lassen Sie Ihren Patienten nun in sich selbst wiederholen: "Ich bin entspannt und ruhig". Er muss dies mehrmals wiederholen, alle Organe in seinem Körper sind, er ist, seine Glieder sind.

Nun bringe diesen Zustand des Friedens nach oben, lass ihn in den Rumpf aufsteigen: Jetzt ist Frieden im Magen, in den Nieren, in den Lungen, im Herzen.

Der Patient wird nun bemerken, wie seine Atmung ruhiger und regelmäßiger wird. Dieser Zustand ist nun in seinem ganzen Körper nicht mehr vorhanden: Er hat jegliche Anspannung losgelassen.

Auch wenn er ruhig und entspannt ist, fließt die Welt um ihn herum weiter, langsam, schnell. Egal, was passiert, er ist jetzt ruhig und gelassen. In diesem Zustand wird jedes Geräusch gedämpft und hilft ihm, diesen Zustand des Friedens und der Ruhe zu vertiefen.

Und nun, da alle seine Organe ruhig und entspannt sind, muss er den Zustand des Friedens und der Entspannung auf seine Haut übertragen, auf seine Wirbelsäule, auf seine Schultern; nun geht er hinunter zu seinen Armen und entspannt sie, lässt alle Anspannung los. Er erreicht die Handgelenke, die Hände, die Finger.

Dieser Zustand erreicht das Gehirn, das sich entspannt: alle Gedanken fliegen davon, es herrscht nur noch ein Zustand des

Friedens und der Ruhe. In diesem Zustand tritt das Ego zur Seite und lässt der Intuition Raum, um Ideen, Gedanken und Antworten zu finden.

Jetzt ist der richtige Zeitpunkt, um die Antworten zu erhalten, die Sie suchen.

Der tiefere Teil kann auf verschiedene Weise kommunizieren, nicht unbedingt in Worten, er kann mit Erinnerungen oder Metaphern kommunizieren, mit Geschichten, mit Träumen. Oder mit etwas, das surreal erscheinen mag, aber wenn es gut gesehen wird, kann es in diesem entspannten Zustand immer interpretiert werden, alles wird einfacher.

Jedes Mal, wenn er von Ihrer Stimme "Entspannungszustand" hört, wird Ihr Patient doppelt so schnell in diesen Zustand hinabsteigen, sein Körper wird sich immer schneller entspannen. Und er wird in der Lage sein, sofort auf Ressourcen und das Unbewusste zuzugreifen, um die Antworten schneller zu erhalten.

Jetzt zählen Sie als Coach bis 5: Wenn Sie bei 5 angekommen sind, ist Ihr Patient wach, entspannt, ruhig und in Frieden. Um dieses "Erwachen" zu erleichtern, verwenden Sie den Dialog, den ich jetzt vorschlage, genau so, wie er geschrieben ist:

1: Beginnen Sie, Ihr Bewusstsein auf Ihre Gliedmaßen zu richten, beginnen Sie, das Blut abzulassen;

2: Atmen Sie tief durch;

3: Machen Sie sich bewusst, wo Sie sind;

4: Atmen Sie noch einmal tief durch;

5: Augen auf.

Dieser Dialog, den Sie gerade gelesen haben, ist ein Beispiel dafür, wie man eine Person in einen Zustand der Entspannung oder Induktion bringt. Das Ziel ist es, die Person in eine Erinnerung zu bringen, die bereits einen Zustand der Ruhe und Gelassenheit hatte, also einen Anker zu benutzen, der schon existiert; dann können Sie während des Dialogs diesen Zustand erweitern und ihn auf alle Organe herunterbrechen. Sie müssen einen angemessenen Tonfall verwenden und diesen während des Dialogs modulieren: Beginnen Sie mit einem normalen Ton, lassen Sie ihn mehr und mehr verblassen, am Ende wird der Tonfall lauter und stärker.

Fast am Ende liest man diesen Satz: "Jedes Mal, wenn Sie von meiner Stimme "Entspannungszustand" hören, werden Sie doppelt so schnell in diesen Zustand hinabsteigen". In dem Moment, in dem er sich auf dem Höhepunkt der Entspannung befand, habe ich einen posthypnotischen Befehl erstellt, der es mir in Zukunft ermöglichen würde, den Patienten sofort in den Entspannungszustand zu bringen, wenn ich wieder mit ihm arbeiten müsste. Also ein posthypnotischer Befehl, um ihn sofort wieder in diesen Zustand zu bringen. Natürlich ist es wichtig zu verstehen, was die Person sucht: einen einfachen Entspannungszustand, Antworten auf ihre Fragen, Erkenntnisse. Je nach Ziel müssen Sie den Dialog kalibrieren und die richtige Atmosphäre an dem Ort schaffen, den Sie nutzen, um die Person in die Entspannung zu bringen.

Wir haben gesehen, wie man einen ersten veränderten Bewusstseinszustand durch fraktionierte Entspannung herbeiführt, d.h. man lässt die Person einen Körperteil nach dem anderen so entspannen, dass die Person nicht nur den Körper entspannt, sondern auch in einen tieferen Zustand von Frieden, Entspannung und Ruhe eintritt. Was Sie gerade gelesen haben, ist eigentlich eine erste Einführung in einen veränderten Bewusstseinszustand. Was Sie jetzt lesen werden, geht noch weiter und fügt einige weitere Techniken hinzu: Wir werden eine Erweiterung der Induktionstechniken vornehmen.

Das setzt natürlich immer voraus, dass Sie alle Techniken bzw. die gesamte Ericksonsche Kommunikation und Sprache bereits erlernt haben und gut anwenden können.

Mit der fraktionierten Entspannung haben wir die Person auf eine erste Ebene der Tiefe gebracht. Erinnern Sie sich daran, dass es mehrere Ebenen gibt, wenn wir von Hypnose oder vielmehr von veränderten Bewusstseinszuständen sprechen.

Die erste Stufe ist der Rem-Zustand, der Zustand, in dem sich die Augen schnell bewegen, er steht für Rapid Eye Movement (schnelle Augenbewegung), das passiert, wenn man in den Vorschlafzustand eintritt, und ist normalerweise der Zustand, in dem man träumt. Man merkt es daran, dass die Person beginnt, ihre Augen schnell zu bewegen. In den meisten Fällen reicht der Rem-Zustand aus, um alle notwendigen Änderungen vorzunehmen, die das Leben eines Menschen verbessern. Wir können sogar noch tiefer gehen, aber wie bringen wir die Person in einen tieferen Zustand? Wir können verschiedene Techniken anwenden.

Diejenige, über die Sie lesen werden, ist die Verwendung von Vorstellungswerkzeugen, die die Person physisch nach unten bringen, d. h. Sie stellen sich im Grunde vor, dass sie nach unten geht.

Um nun nach unten zu gelangen, können Sie verschiedene grundlegende Dinge verwenden: Sie können eine Treppe verwenden, d. h. eine Person, die jede Stufe hinuntergeht, geht immer weiter nach unten; Sie können einen Aufzug verwenden, wenn Sie es schneller machen können, oder eine Rutsche, kurz gesagt, Sie können alles verwenden, was eine Person nach unten bringt. Die Treppe ist nützlich, weil man die Zeit der Treppe steuern kann und bei jeder Stufe kann man die Kommunikation mit Induktionsbefehlen und mehr füllen.

Eine nützliche Technik kann darin bestehen, Musik im Hintergrund zu verwenden und nur das Wort Down zwischen den Zahlen zu verwenden. First down, Second down und so weiter. Die Schritte und das englische Kommando down bringen die Person immer weiter nach unten. Eine Technik, die einfach erscheint, aber wirklich effektiv ist, denn man braucht nicht immer große Worte, lange, redundante Sätze: ein einfaches Wort kann die Person wirklich in einen Zustand der Entspannung bringen. Natürlich ist der Tonfall wichtig: langsam, tief, immer weiter runter, langsam, tief.

Immer wenn Sie eine Person in einen veränderten Bewusstseinszustand versetzen, müssen Sie sie danach wieder aufwecken. Im vorherigen Dialog haben Sie gesehen, dass ich von 1 bis 5 gezählt habe, um die Person aufzuwecken. Das Wichtigste ist, dass das "Aufwachen" nie zu schnell geht:

Das Wiedereintauchen muss langsam und allmählich erfolgen, wie das Auftauchen aus den Tiefen eines Schwimmbeckens. Langsam, in aller Ruhe und mit dem richtigen Timing. Ein weiterer großer Fehler ist es, sich auf den Stufen zu verirren: Wenn wir uns entscheiden, 10 Stufen hinunterzugehen, können wir auf jeder Stufe viele Minuten verlieren; wir können eine Entspannung herbeiführen, einen Schrank einrichten, etwas anderes wegnehmen, Fertigkeiten und Fähigkeiten vermitteln, Menschen dazu bringen, Dinge zu entdecken. Kurz gesagt, man kann auf jeder einzelnen Stufe viele Dinge tun. Wenn du eine Induktion durchführst, bist du der Erste, der mit der Person mitgeht; deshalb gerätst du irgendwie auch in einen veränderten Bewusstseinszustand und könntest deshalb Schritte vergessen und verpassen.

Erinnern Sie sich daran, dass, wenn Sie dem Unbewussten einen Befehl geben und ihm sagen, dass es bis zur zehnten Stufe gehen soll, Sie es nicht auf der dritten oder vierten Stufe stehen lassen oder etwas anderes machen können, Sie müssen bis zur zehnten Stufe gehen und dürfen nicht einmal eine Stufe auslassen, denn jeder Fehler, den Sie machen, jede Inkonsequenz, die Sie machen, ist etwas, das das Unbewusste in eine Situation bringen könnte, die höher ist als es tief ist. Man könnte tatsächlich einen Musterbruch auf eine konkrete Art und Weise erzeugen: Wenn man einen Musterbruch erzeugt, kann man auch einen Schritt überspringen, aber man muss es zu einem ganz bestimmten Zweck tun. Also nie aus Versehen. Eine einfache Möglichkeit, sich nicht zu verlaufen, besteht darin, mit den Fingern zu zählen. Wenn Sie stattdessen nach oben gehen, brauchen Sie nicht so viel Zeit zu verlieren; wenn Sie also wieder auftauchen müssen, gehen Sie von Schritt 10 aus und gehen Sie langsam nach oben zu Schritt 9, machen Sie sich bewusst, dass Ihr Bewusstsein nach oben und nach oben geht und machen Sie so weiter, ohne mehr zu induzieren.

Und nach der Theorie kehren wir zur Praxis zurück, genau wie zuvor werden Sie ein Beispiel für einen Dialog lesen, der auf der Stufentechnik und der Technik der rationierten Fraktionierung basiert, um beide Techniken zu vereinen.

Dialog: Praxisbeispiel für die 10 Schritte

Schlagen Sie Ihrem Patienten vor, sich eine bequeme Position zu suchen, in der er die Augen schließen kann, wenn er dies möchte.

Er muss sich in eine Szene zurückversetzen, in der er besonders ruhig und entspannt war. Er muss diese Szene wieder mit seinen eigenen Augen sehen, die Geräusche von damals wieder hören. Dann muss er dieses Gefühl von Frieden und Ruhe in sich selbst verbreiten, so dass er sofort einen tiefen Entspannungszustand erreicht, der es ihm ermöglicht, immer weiter nach unten zu gehen.

Wenn er sich mehr und mehr entspannt, wird er feststellen, dass vor ihm eine Treppe mit 10 Stufen liegt. Am unteren Ende der Treppe befindet sich eine Tür, die zu einem besonderen Ort führt: die Tür ist jetzt geschlossen, aber wenn er nach dem Erklimmen der 10 Stufen nach unten kommt, wird er in der Lage sein, sie zu betreten, und wenn er die Tür öffnet, wird er den Raum der Ideen betreten.

Der Ideenraum ist ein magischer Ort in seinem Kopf: Es ist der Raum, in dem sich der Muskel der Ideen, der Intuitionen, befindet, in dem alles völlig offen ist. Wenn man diesen Raum betritt, wird alles Negative oder Begrenzende ausgelassen. In diesem Raum taucht die Idee auf, sie steht vor ihm.

Beruhigen Sie Ihren Patienten: Wenn er am Ende dieser Stufen ankommt, werden Sie ihn in den Raum führen, und wenn er ihn betritt, wird er eine Idee haben. Wenn er dann in diesem Raum bleibt, wird eine Idee in ihm auftauchen, eine wichtige Idee, eine Idee, die für ihn nützlich ist.

Jetzt ist es an der Zeit, an den Anfang der Treppe zu gehen. Er wird die 10 bequemen, breiten Stufen bemerken, die nach unten führen. Damit er die erste Stufe hinuntergehen kann, muss er einen Moment innehalten: Er sollte bemerken, dass seine Füße, die soeben diese Stufe genommen haben, viel entspannter sind als vorher. Dieser Entspannungszustand breitet sich aus und steigt zu den Knöcheln hinauf, erreicht die Knie, und es sind genau diese Knie, die sich entspannen und ihm erlauben, einen zweiten Schritt zu machen, zur zweiten Stufe hinunterzugehen.

Er muss merken, wie sich dieser Entspannungszustand mehr und mehr auf seine Beine, auf seine Oberschenkel, auf sein Becken ausbreitet. Und dann kann er sich erlauben, zum dritten Schritt zu gehen. Jetzt wird der Patient bemerken, wie dieser Entspannungszustand ansteigt und sich auf seine inneren Organe ausbreitet. Er breitet sich auf die Lunge aus. Zu den Därmen, zur Leber, bis hin zum Herzen. Fragen Sie Ihren Patienten: "Ist Ihnen bewusst, dass Ihr Herz schlägt? Das ist der Wohnsitz Ihrer Seele".

Nun ist es an der Zeit, zur vierten Stufe hinabzusteigen und immer weiter in einen Zustand der totalen Entspannung zu gehen. Jetzt breitet sich der Entspannungszustand über die Arme bis zu den Händen aus und geht bis zum Nacken.

Nun kann Ihr Patient auf die fünfte Stufe hinabsteigen: der Zustand der Entspannung nimmt immer mehr zu. Das Ego ist der konditionierte Teil, der Teil, mit Begrenzungen, mit Blockaden, mit Sabotage.

Jetzt ist Ihr Patient auf der sechsten Stufe: Der Zustand der Entspannung breitet sich in seinem Geist, in seinem Kopf aus, läuft über sein Gesicht und sein Gesicht.

Jetzt kann er zum siebten Schritt übergehen: Das Ego entfernt sich von ihm und zeigt ihm den wahrhaftigen Teil, den Teil, der weiß, was er will, den Teil, der lernen will, der helfen will, der lernen will, der sehen will, was im Raum ist.

Und so erreicht Ihr Patient die achte Stufe, und der Zustand der Entspannung ist vollkommen.

Es geht weiter bergab: Es befindet sich jetzt auf der neunten Stufe.

Sagen Sie nun zu Ihrem Patienten: "Sie sind fast am Ziel: Sie sehen die Tür vor sich. Es ist an der Zeit, auf die zehnte Stufe hinabzusteigen, um den höchsten Zustand der Tiefe zu erreichen: Es ist der höchste Zustand des Gewahrseins, der Zustand der Reinheit, in dem es keine Grenzen, keine Blockaden, keine Urteile, keine Glaubenssätze gibt, nichts, was Ihr Gewahrsein in irgendeiner Weise darin einschränken könnte, klar zu sehen, was sich in diesem Raum manifestieren wird. Nimm die Klinke in die Hand, zähle bis drei, öffne die Tür und tritt ein.

1

2

3.

Mit den Fingern schnippen: Der Patient betritt den Raum mit diesem hypnotischen Grabbefehl.

Jetzt kann Ihr Patient kommen und sich die Idee ansehen, die schon die ganze Zeit auf ihn gewartet hat.

Sagen Sie Ihrem Patienten genau wie zuvor die folgenden Worte: "Erlauben Sie sich, klar zu sehen, was es zu sehen gibt. Wenn etwas bisher nicht so detailliert ist, erlaube dir, es jetzt zu detaillieren und beobachte genau, was für dich vorbereitet wurde. Dann kläre und wenn es eine Frage gibt, die der Raum magisch ist, wird er dir antworten. Frage und die Antwort wird kommen und was auch immer kommt, du wirst dich perfekt daran erinnern, wenn du aufwachst, so dass du die konkreten Handlungen ausführen kannst. Jetzt gebe ich dir die Zeit, die du brauchst: Wenn du fertig bist und eine klare Vorstellung und alle Antworten hast, die du brauchst, bitte ich dich, mit dem Kopf zu nicken, damit ich dich in den Zustand des Bewusstseins zurückbringen kann.

Der Patient nickt nach einer Weile.

Danken Sie jetzt dem Raum: Es ist Zeit, zurückzukehren. Aber denken Sie daran, dass der Raum immer da ist: Wenn Sie Antworten brauchen, wenn Sie etwas brauchen, können Sie zu ihm zurückkehren.

Kehren Sie nun in die Gegenwart zurück: Schließen Sie die Tür, finden Sie die 10 Stufen wieder, steigen Sie die erste, die zweite, die dritte hinauf, Sie kehren in den Zustand des Bewusstseins zurück, steigen Sie die vierte, die fünfte, die sechste hinauf, wenn Sie die erste erreicht haben, sind Sie bei vollem Bewusstsein, steigen Sie die achte, die neunte hinauf, die Luft in Ihrer Lunge beginnt mit Kraft zurückzukehren, steigen Sie die zehnte hinauf, atmen Sie tief ein, beginnen Sie, Ihre Beine und Arme zu bewegen.

Noch einmal einatmen und in die Gegenwart zurückkehren.

Hier ist ein Beispiel für einen Dialog, der dazu dient, einen zusätzlichen Entspannungszustand herzustellen. Im ersten Dialog habe ich "Entspannungszustand" als hypnotischen Befehl verwendet, hier habe ich ihn erweitert, indem ich die Schritte verwendet habe, um die Person in eine gebrochene Entspannung zu bringen. Wenn die Person vor dem Raum steht, wird ein Befehl verwendet, um die Tür zum Raum zu öffnen: Dies ist ein echter hypnotischer Befehl, den man beherrschen muss. Ich habe zum Beispiel das Schnippen mit den Fingern genannt, aber Sie können auch jedes andere Mittel verwenden: wichtig ist, dass es ein Geräusch gibt, das die Person als den richtigen Moment für diese Handlung ansieht.

Jetzt bleibt nur noch, die Person zu fragen, was sie in ihrem Zimmer gesehen hat.

Die Person kann Symbole sehen, sie kann Lichter sehen, sie kann Menschen sehen, Wiesen, Bäume, Objekte, kurz gesagt, alles. Jedes Objekt, jedes Ding, das im Raum gezeigt wird, ist für die Person essentiell , weil es Objekte sind, die ihr Leben widerspiegeln, sie haben eine Bedeutung für den Patienten und sie können die Antworten geben, nach denen er sucht.

Denken Sie daran: Machen Sie sich Notizen, schreiben Sie alles auf, was Ihr Patient Ihnen erzählt, wenn er/sie aufwacht, und probieren Sie diese Techniken immer wieder bei verschiedenen Personen aus.

Kapitel 8

Unbewusst

L assen Sie uns mit den Induktionen weitermachen, dieses Mal erkläre ich Ihnen ein paar weitere Techniken, um einen veränderten Bewusstseinszustand herbeizuführen, wie üblich, wohin werden Sie es bringen und was wird das Ziel sein? Ich wiederhole: Es hängt von der Person und dem Ziel ab, das Sie verfolgen.

Jetzt werden Sie eine Induktionstechnik sehen, die eine Art Verwirrung beinhaltet, die auf den egoischen Verstand gerichtet ist. Der Verstand ist also bewusst, was bedeutet, dass er schätzungsweise 2 Informationen gleichzeitig verarbeiten kann. Wenn wir ihn mit Daten überladen, gerät der bewusste Verstand in eine Art Datenüberfluss, d.h. er wird überlastet. In dem Moment, in dem es überlastet wird, gehen alle restlichen Informationen an das Unbewusste. Dies ist eine Technik, die leider oft dazu benutzt wird, Geld zu stehlen. Es gibt Personen im Verkauf, die unethische Praktiken anwenden und auf eine Methode zurückgreifen, die als "manipulatives Verkaufen" bekannt ist. Dabei überreizt der Verkäufer den Geist des potenziellen Käufers und veranlasst ihn durch psychologische Taktiken, die ihn in einen Zustand emotionaler Bedrängnis versetzen, zu einem Kauf. Es ist bemerkenswert, wie oft sich die Kunden nach dem Kauf fragen, wie sie sich nur für dieses bestimmte Produkt entscheiden konnten, und sich manchmal bewusst sind, dass sie aus einem Gefühl der Verzweiflung heraus gehandelt haben.

Im beruflichen Kontext ist es ein perfektes Mittel, um eine Person auf ethische Weise in Trance zu versetzen und sie schneller in einen tiefen Zustand zu bringen, um sofort Befehle an das Unterbewusstsein senden zu können. In diesem Kapitel werde ich Ihnen wieder ein Beispiel für einen Dialog zeigen, aber im Gegensatz zu den vorherigen werden Sie lesen können, wie man mit der Person kommuniziert, wenn sie in einen so tiefen Zustand hinabsteigt, dass wir keinen verbalen Dialog führen können; deshalb können wir die sogenannten unbewussten Bewegungen eines beliebigen Körperteils verwenden. In der Regel ist es üblich, die Finger zur Kommunikation zu benutzen, weil sie die Peripherie darstellen und daher am einfachsten für unbewusste Bewegungen geeignet sind.

Dialog: das Unbewusste erreichen

Fragen Sie den Patienten, ob Sie einen Körperteil berühren dürfen, z. B. das Handgelenk.

Bitten Sie nun den Patienten, auf ein Licht zu starren und in Gedanken von 300 bis 0 rückwärts zu zählen, wobei er immer auf das Licht starrt. Während des Zählens sollte er sich eine Zeit ins Gedächtnis rufen, in der er entspannt und ruhig war.

Sagen Sie dem Patienten nun: "Allmählich werden sich Ihre Augenlider schwer anfühlen und Sie werden sie schließen können, sobald Sie einen Zustand tiefer Entspannung erreicht haben. Wenn Sie weiterzählen, werden Sie immer tiefer gehen und jede Zahl wird Sie weiter und weiter in einen tiefen Entspannungszustand bringen.

An diesem Punkt schließt der Patient die Augen.

Warnen Sie Ihren Patienten, dass Sie in wenigen Augenblicken sein rechtes Handgelenk berühren und ihn hochheben werden; wenn Sie loslassen und sein Bein berühren, wird er in den größten Entspannungszustand sinken, den er je erlebt hat.

Sie als Trainer nehmen also das Handgelenk, heben es hoch und es bleibt oben.

Erklären Sie Ihrem Patienten nun, dass er merken kann, wie sein Puls ebenso schnell sinkt wie sein Unterbewusstsein: Erst wenn sein Körper völlig entspannt und ruhig ist, wird er sein Bein berühren.

An diesem Punkt berührt das Handgelenk das Bein.

Jetzt, wo sein Körper völlig entspannt und ruhig ist und sich seinem tieferen Geist gebeugt hat, bitten Sie den Patienten, mit Ihnen durch unwillkürliche Bewegungen der Finger seiner rechten Hand zu kommunizieren. Legen Sie den folgenden Code fest: "Ja" entspricht einem unwillkürlichen Zucken des Zeigefingers und "Nein" einem unwillkürlichen Zucken des Mittelfingers.

Bitten Sie nun den Patienten, seinen Körper zu scannen: Er soll prüfen, ob sein Körper gesund ist oder ob es etwas gibt, das Aufmerksamkeit erfordert. Wenn sein Körper gesund ist, antwortet er mit Ja, sonst mit Nein.

In diesem Beispiel antwortet der Patient mit "Ja", so dass es nicht notwendig ist, den Körper zu bearbeiten.

Bitten Sie nun den Patienten, seinen bewussten Geist zu scannen: Er sollte schauen, ob der Geist völlig frei von Blockaden, Einschränkungen und Ängsten ist, die die Gesundheit des Körpers beeinträchtigen könnten, oder ob es einen Glauben oder etwas anderes gibt, das ihn blockieren könnte. Der Patient wird mit Ja antworten, wenn der Geist frei ist, andernfalls mit Nein.

In diesem Beispiel antwortet der Patient mit Nein, also muss etwas beachtet werden.

Fragen Sie nun den Patienten, ob dieses Etwas, das im Kopf Aufmerksamkeit braucht, etwas ist, das eine der Grundemotionen hervorruft, die Sie nun nacheinander nennen werden. Er wird mit Ja antworten, wenn Sie eine der Emotionen nennen, die von einem Teil des Verstandes, der Aufmerksamkeit braucht, erzeugt werden könnten; er wird mit Nein antworten, wenn sie nicht von diesem Teil, der Aufmerksamkeit braucht, erzeugt werden.

Nennen Sie nun die Emotionen nacheinander und warten Sie auf die Antwort des Patienten.

Beispiel:

Trainer: "Angst"; der Patient antwortet mit Nein.

Trainer: "Wut"; der Patient antwortet: "Nein".

Trainer: "Traurigkeit"; der Patient antwortet mit Ja.

Trainer: "Schuldgefühle"; Patient antwortet mit Nein.

Nun fragt der Coach den Patienten, ob das, was Traurigkeit auslösen kann, etwas ist, das er oder sie in diesem Zustand der Tiefe lösen kann. Der Patient antwortet in diesem Fall mit Ja.

Sie können sehen, wie die Ursache des Problems in genau diesem Zustand und bei genau diesem Patienten gefunden wurde. An diesem Punkt ist es an der Zeit, tief zu graben und zu versuchen, das Problem zu lösen.

An diesem Punkt werden Sie als Coach die folgenden Worte sprechen: "Dann werde ich in wenigen Augenblicken Ihr Handgelenk wieder heben: In der Zeit, die Sie wählen, um es nach unten zu bringen und Ihr Bein zu berühren, werden Sie das anwenden, was Sie brauchen, um alles zu lösen, zu reparieren oder zu verändern, was Traurigkeit erzeugen könnte. In der Zwischenzeit spreche ich weiter, bis das Handgelenk das Bein berührt, bis alles aufgelöst ist, so dass Sie ohne weitere Traurigkeit in Ihrem Leben leben können. Jetzt werde ich mein Handgelenk anheben, und wenn ich es loslasse, wird es anfangen, mit der Geschwindigkeit zu sinken, die Ihr Unterbewusstsein braucht, um sich aufzulösen".

Der Trainer erhöht den Puls, der Patient lässt sich Zeit und der Puls geht langsam zurück. In diesem Fall handelt es sich um eine relativ einfache Situation: Der Patient wusste, wo das Problem lag, er wusste, wo er suchen musste und er arbeitet daran, das Problem zu lösen.

In Wirklichkeit handelt es sich um eine Technik, bei der der Coach nur sehr wenig eingreift, weil alles von der Person selbst gelöst wird; natürlich kann es auch vorkommen, dass die Person das Problem nicht selbst lösen kann; deshalb muss es dem Coach gelingen, zu graben, in die Tiefe zu gehen. In der Tat ist es am besten, diese Technik immer und nur mit Personen anzuwenden, die bereits an sich selbst gearbeitet haben, die die unbewussten Zustände schon kennen, die vielleicht schon frühere Techniken durchlaufen haben.

Weil wir die Person in einen Trans-Zustand gebracht haben, kann es sein, dass der Patient sich an nichts mehr erinnert. Es kann aber auch sein, dass er alles geklärt hat. Deshalb ist es wichtig, wenn er oder sie aufwacht, Dialogarbeit zu leisten.

Wenn der Puls nach unten kommt und das Bein berührt, fragst du die Person, ob die ganze Sache abgeschlossen ist oder ob es noch mehr zu bearbeiten gibt: Wenn sie mit Ja antwortet, wiederholst du das Ganze; wenn sie mit Nein antwortet, kann die Person aufgeweckt und in die Gegenwart gebracht werden. Es ist interessant zu sehen, was man mit Menschen machen kann, wie man wirklich zu einem Instrument des Wandels wird und ein Instrument des Wandels wiederholt, nicht der Manipulation, denn dieselben Techniken werden, wenn sie zum Schlechten eingesetzt werden, zu Manipulation, wenn sie zum

Guten eingesetzt werden, zu Wachstum, Heilung, persönlicher Veränderung. Wenn Sie nicht in der Lage sind, nonverbale Kommunikation zu lesen, Erinnerung und Führung zu erzeugen, jede Situation, jede Meinungsverschiedenheit zu nehmen und sie zu managen, um sie in ein Umfeld der Gelassenheit und Ruhe zurückzubringen, Repräsentationssysteme, Meta-Programme, Bedürfnisse, Werte, Überzeugungen zu verstehen, wenn Sie nicht in der Lage sind, hypnotische Sprache zu verwenden, wenn Sie nicht in der Lage sind, Befehle zu geben, wenn Sie nicht in der Lage sind, eine Person in die Transition zu bringen, dann lernen Sie weiter.

Der Coach ist derjenige, der persönliche Erfahrungen hat und diese an andere weitergibt: Es ist nicht wichtig, wo man studiert hat, sondern wie man es gemacht hat, was man über sich selbst erkannt hat und wie man anderen wirklich helfen und sie verändern kann.

Kapitel 9

Angewandtes NLP

Abschließend wird untersucht, wie das Neuro-Linguistische Programmieren wesentlich zur Verbesserung der Qualität des täglichen Lebens beitragen kann. Im Zuge dieser Analyse werden die wichtigsten NLP-Themen untersucht, von denen einige bereits im vorangegangenen Band erörtert wurden, während andere in diesem zweiten Teil ausführlich behandelt werden.

1. NLP in der praxis: selbstverbesserung

Zusammenfassend werden wir den Beitrag von NLP zur persönlichen Entwicklung untersuchen, die das effektive Erreichen gewünschter Ziele und die Steigerung des individuellen Selbstwertgefühls umfasst.

1. Werteskala: Machen Sie sich zunächst bewusst, welcher innere Wert Ihr Leben lenkt. Vergleichen Sie dann die Werte des gewünschten Selbst mit den inneren Werten, mit der Übung der Werteskala. Es ist notwendig, Klarheit zu gewinnen, bevor man sich selbst verändert oder verbessert.

2. Klare Zielsetzung: Definieren Sie Ihre Ziele klar, spezifisch und realistisch. Nachdem Sie sich Klarheit verschafft haben, verwenden Sie das *SMART-Modell* (Specific/Spezifisch, Measurable/Messbar, Achievable/Erreichbar, Relevant, Time Bound/Zeitgebunden), um Ziele zu definieren, die gut definiert und erreichbar sind.

3. Positive Verankerung: Schaffen Sie positive mentale Assoziationen zwischen Ihnen und dem Erreichen Ihrer Ziele mit Hilfe von *Ankern*. Dies kann geschehen, indem Sie positive emotionale Zustände mit bestimmten Bildern, Klängen oder Gesten assoziieren, die für Erfolg stehen.

4. Visualisierung: Nutzen Sie die Visualisierung, um sich lebhaft vorzustellen, wie Sie Ihre Ziele erreichen. Stellen Sie sich vor, dass Sie das gewünschte Ergebnis bereits haben, und tauchen Sie ganz in das Gefühl des Erfolgs ein. "Future Pace/*Zukunftsfrieden*" und "*Als ob*. sind ideale Techniken, um die Visualisierung anzuregen.

5. Effektive Sprache: Verwenden Sie eine positive, erfolgsorientierte Sprache, wenn Sie über sich und Ihre Ziele sprechen. Vermeiden Sie negative oder selbstbeschränkende Formulierungen, die Ihren Fortschritt sabotieren können.

6. Planung und Strategie: Verwenden Sie das *T.O.T.E.*-Modell, um detaillierte Aktionspläne zu entwickeln, die Sie zur Erreichung Ihrer Ziele führen. Diese Pläne sollten flexibel sein und sich an veränderte Umstände anpassen lassen. Wenn ein Ansatz nicht funktioniert, sollten Sie bereit sein, neue Methoden auszuprobieren.

7. Modellierung von Spitzenleistungen: Nutzen Sie die *Modellierung*. Studieren und modellieren Sie Menschen, die bereits ähnliche Ziele wie Sie erreicht haben. Analysieren Sie deren Verhaltensweisen, Strategien und Überzeugungen und versuchen Sie, diese auf Ihre Situation zu übertragen.

8. Beseitigung einschränkender Überzeugungen: Identifizieren Sie einschränkende Überzeugungen, die das Erreichen Ihrer Ziele behindern könnten, und gehen Sie sie an. Das *Metamodell ist* in diesem Punkt ein ausgezeichneter Verbündeter. Sie können persönliche kognitive Umstrukturierungstechniken anwenden, um negative Überzeugungen in positive, befähigende zu verwandeln.

9. *Muster durchbrechen:* Das *Durchbrechen von Mustern* kann Ihnen helfen, anders zu denken und mit unerwarteten Situationen und negativen Reaktionen umzugehen, die Ihren Zielen zuwiderlaufen.

10. Lernen Sie, mit Emotionen umzugehen: Lernen Sie, Emotionen effektiv zu steuern. NLP bietet Emotionsmanagementtechniken, die Ihnen helfen können, Furcht, Angst oder andere emotionale Hindernisse zu überwinden, die Sie davon abhalten könnten, Ihre Ziele zu verfolgen. Wenn Sie Blockaden oder Ängste haben, die Sie einschränken, können Ihnen die Techniken "*Lernzustand*" und "*schnelle Phobie*" helfen. Wenn Sie mit einer Phobie oder einem schweren Trauma konfrontiert sind, können Sie einen erfahrenen Coach zu Rate ziehen, der Sie durch einen geführten Prozess der Bewusstseinsveränderung begleitet.

11. Feedback und Selbsteinschätzung: Ziehen Sie regelmäßig Bilanz und bewerten Sie Ihre Fortschritte bei der Verwirklichung Ihrer Ziele. Passen Sie Ihre Strategie an das an, was am besten funktioniert, und holen Sie sich Feedback von Menschen, denen Sie vertrauen.

2. NLP in der praxis: verkaufen

NLP-Techniken werden von Verkäufern eingesetzt, um ihre Kommunikation zu verbessern, Kunden positiv zu beeinflussen und effektivere Ergebnisse zu erzielen:

1. Kalibrierung: Die Kalibrierung ist eine Technik, bei der die nonverbalen Reaktionen des Kunden, wie Mimik, Gestik und Körperhaltung, sorgfältig beobachtet werden. In NLP geschulte Verkäufer versuchen, ihre Kommunikation auf der Grundlage dieser nonverbalen Hinweise anzupassen, um eine effektivere Verbindung mit dem Kunden herzustellen.

2. Rapport Building: NLP betont, wie wichtig es ist, eine positive Beziehung zum Klienten aufzubauen. Dies kann durch die subtile Imitation der Körpersprache, d.h. *Rapport*, die Synchronisierung des Tonfalls und die Spiegelung der vom Klienten verwendeten Schlüsselwörter erreicht werden. Die Kenntnis des *VAK-Modells* und der *Metaprogramme ist* unabdingbar, um den Klienten zu analysieren und die eigene Sprache so anzupassen, dass eine effektive Bindung entsteht. Je stärker die Bindung, desto höher das Vertrauen und die Wertschätzung des Kunden.

3. Verankerung: Bei *Verankerungen* im NLP geht es um die Assoziation bestimmter Emotionen oder mentaler Zustände mit bestimmten Stimuli oder Signalen. Verkäufer können positive Anker schaffen, indem sie Erfolgserlebnisse oder Vertrauen mit bestimmten Gesten oder Worten verknüpfen, so dass der Kunde sie leichter mit einem Kauf in Verbindung bringt.

4. Überzeugende Sprache: NLP-geschulte Verkäufer verwenden häufig eine überzeugende Sprache, die das Weltmodell des Kunden widerspiegelt. Das bedeutet, dass sie versuchen, die Worte, Denkmuster und Werte des Kunden zu nutzen, um seine Kaufentscheidung zu beeinflussen. Das *Milton-Modell* basiert auf der Verwendung von überzeugender Sprache als grundlegende Basis.

5. Umgang mit Einwänden: NLP kann eingesetzt werden, um mit Kundeneinwänden effektiv umzugehen. Das *Durchbrechen von Mustern* ist die wichtigste Technik für den Umgang mit Einwänden.

6. Nonverbale Kommunikation: NLP schenkt der nonverbalen Kommunikation große Aufmerksamkeit. Verkäufer können ihre Körpersprache nutzen, um Vertrauen und Überzeugung zu vermitteln. Sie können auch geschult werden, die nonverbalen Signale der Kunden zu erkennen, um deren Reaktionen besser zu verstehen.

7. Exzellenz modellieren: Im NLP bedeutet Exzellenz *modellieren*, das Verhalten erfolgreicher Verkäufer zu studieren und zu imitieren, um Verkäufern zu helfen, effektive Fähigkeiten und Strategien zu entwickeln.

8. Indirekte Suggestion: Obwohl die Eriksonsche Hypnose von vielen Verkäufern als ethisch fragwürdiges Überzeugungsinstrument eingesetzt wird, gibt es ethischere Suggestionstechniken, die von hochkompetenten Verkäufern erfolgreich eingesetzt werden. Die Technik der "*Nested Loops*" ist ein praktisches Beispiel. Indirekte Suggestion ist im Verkauf äußerst wirksam. Im Wesentlichen kann die Kunst der indirekten Suggestion auf ethische Weise eingesetzt werden, um den Kunden positiv zu beeinflussen. Dies könnte den Einsatz von Storytelling und Suggestivfragen beinhalten, um den Kunden zum Nachdenken darüber anzuregen, wie das Produkt oder die Dienstleistung seine Bedürfnisse erfüllen kann. Bei der *Ericksonschen Hypnose werden* häufig suggestive Erzählungen eingesetzt, um in den Köpfen der Kunden fesselnde Erfahrungen zu erzeugen. Diese Technik kann in ethischer Weise im Verkauf eingesetzt werden, um den Kunden dazu zu bringen, sich vorzustellen, wie sein Leben mit dem Produkt oder der Dienstleistung aussehen würde.

3. NLP in der praxis: sozialisierung

Neuro-Linguistisches Programmieren ist im sozialen Bereich weit verbreitet, wurde aber in der Vergangenheit von einigen Praktikern auch auf Verführung und zwischenmenschliche Beziehungen angewandt. Es ist jedoch wichtig zu betonen, dass NLP selbst keine auf Verführung oder Liebesbeziehungen ausgerichtete Praxis ist, sondern vielmehr eine Methode, die darauf abzielt, die Kommunikation, das Verständnis für sich selbst und andere sowie das Erreichen persönlicher und beruflicher Ziele zu verbessern.

Bei geschickter und ethischer Anwendung kann es jedoch auch in zwischenmenschlichen Beziehungen hilfreich sein.

1. Rapport Building: Auch hier geht es um Rapport Building. Das liegt daran, dass der Aufbau von Beziehungen, Rapport, Mirroring, Erinnern und Leiten in sozialen Interaktionen entscheidend sind. NLP lehrt, wie man durch die Synchronisation von Körpersprache, Tonfall und verbaler Sprache eine positive Beziehung zu anderen Menschen aufbaut. Das *VAK-Modell* und die *Metaprogramme* sind nicht nur für Verkäufer nützlich, sondern auch in der zwischenmenschlichen Interaktion, im sozialen Bereich oder in einem verführerischen oder überzeugenden Kontext, um die Landkarte des anderen zu analysieren und die eigene anzupassen. Dies erleichtert natürlich die Schaffung von stärkeren Verbindungen und einer effektiveren Kommunikation.

2. Überzeugende Sprache: NLP kann genutzt werden, um eine überzeugende Sprache zu entwickeln. Dabei geht es um die Verwendung von Worten und Sätzen, die das Weltmodell des Gesprächspartners widerspiegeln, um seine Entscheidungen und Reaktionen positiv zu beeinflussen.

3. *Kalibrierung: Die Kalibrierung dient* der sorgfältigen Beobachtung der nonverbalen Reaktionen anderer, wie Mimik, Gestik und Körperhaltung. Mit dieser Technik kann man den emotionalen Zustand der anderen Person besser verstehen und die Kommunikation entsprechend anpassen.

4. Nonverbale und para-verbale Kommunikation: Nonverbale und para-verbale Kommunikation spielen eine wichtige Rolle in sozialen Interaktionen. Lernen Sie, wie nonverbale Sprache Ihnen helfen kann, Beziehungen aufzubauen und Ihnen Feedback zu Ihrem Handeln zu geben.

5. Verankerung in der sozialen Sphäre: Wie wir gesehen haben, kann Verankerung in vielerlei Hinsicht genutzt werden. Es kann auch verwendet werden, um die eigenen Emotionen in sozialen Situationen zu steuern. Sie können zum Beispiel einen Anker setzen, um sich vor einer öffentlichen Rede zu beruhigen oder um Ihr Selbstvertrauen vor einem Date zu stärken. Sie können Anker verwenden, um positive Gefühle oder Empathie mit einer bestimmten Person oder Interaktion zu verbinden. Dies kann Ihnen helfen, stärkere und sinnvollere Beziehungen aufzubauen. Es kann Ihnen auch helfen, Ihre Kommunikationsfähigkeiten zu verbessern.

6. Konfliktmanagement und Wahrnehmung: NLP kann eingesetzt werden, um Konflikte effektiv anzugehen und zu lösen. Dazu kann es gehören, die Sichtweise des anderen zu verstehen und Lösungen zu finden, die beide Parteien zufriedenstellen. Die Veränderung der Wahrnehmungshaltung kann dabei helfen, Konflikte zu lösen und andere besser zu verstehen.

NLP kann Ihnen in jedem Bereich helfen. Mit den Informationen in diesem Buch haben Sie viele Themen verstanden, die, wenn Sie sie anwenden, Ihnen helfen werden, Ihr Leben zu verbessern.

Schlussfolgerung

Herzlichen Glückwunsch, Sie haben das Ende dieses Buches erreicht und halten nun, nach der Lektüre des ersten und des letzten Bandes, die Techniken in den Händen, die Sie benötigen, um ein NLP-Praktiker zu werden. Erlauben Sie mir aber noch einige Klarstellungen.

Im Internet finden Sie Meister, Kurse, Schulen: alles, wirklich alles, was Ihnen Anerkennung und Zertifikate verspricht oder Sie zu einem NLP-Meister zu machen verspricht. Denken Sie daran, dass es nicht der richtige Kurs oder das richtige Buch ist, das Sie zu einem Profi macht: Nur Sie selbst wollen es, nur Sie selbst werden sich verwandeln. Nur Sie können ein echter NLP-Meister werden, aber Sie müssen studieren, üben, studieren, wieder und wieder und wieder.

Mit dem Studium dieses Buches haben Sie die Möglichkeit, neue Dinge zu lernen, tiefer zu gehen. Sie können die Werte einer Person verstehen, wie Überzeugungen funktionieren, wie Kriterien wirken und wie Sie mit veränderten Bewusstseinszuständen umgehen oder besser damit anfangen können.

Der Mensch kann die Welt nicht direkt erfahren, sondern nur durch nonverbale Eindrücke, die vom Nervensystem stammen, und verbale Indikatoren, die von der Sprache abgeleitet und durch sie ausgedrückt werden. Daher können wir die Realität nicht kennen, sondern nur eine Karte von ihr. Früher dachte man, unser Geist sei wie ein unbeschriebenes Blatt, das sich durch Erfahrung ausfüllt und die Realität von Hand zu Hand kennenlernt. Heute wissen wir, dass dies nicht der Fall ist. In jedem Fall ist das, was wir als Realität bezeichnen, eine Konstruktion unseres neuronalen Systems: nicht die objektive Realität, die niemand kennt, sondern eine Darstellung davon, eine Landkarte. Jeder Mensch formt durch seine eigenen Erfahrungen seine eigene Landkarte der Realität, die sich glücklicherweise weitgehend mit der anderer Menschen überschneidet. Die Meinungen, die wir über die Welt, die Menschen und das, was uns widerfährt, haben, sind Urteile über unsere Landkarte. Ob es uns gut oder schlecht geht, spielt sich nicht in der Realität ab, sondern in unserer Realitätskarte, die in unserer neuronalen Konfiguration kodiert ist.

Die Gültigkeit einer Karte wird also nicht danach beurteilt, ob sie wahr ist oder nicht. Sie ist wie eine Landkarte zum Reisen: Sie funktioniert, wenn sie uns sicher und gut ans Ziel bringt. Eine Karte ist also gut, wenn sie aus vielen guten Richtungen klar ist; im Wesentlichen, wenn sie viele Wahlmöglichkeiten und gute Kriterien zur Orientierung bietet. Für uns fallen Erfahrung und Realität zusammen: Was auch immer im Leben geschieht, ist immer noch eine subjektive Erfahrung. Es ist eine allgemeine Erfahrung, dass ein und dieselbe Situation für den einen eine positive Erfahrung sein kann und für den anderen eine negative. Der Unterschied liegt in der Struktur, mit der das Subjekt mit der Welt in Berührung kommt und seine Realität effektiv konstruiert, und diese Strukturen sind Teil der Landkarte.

Das Geheimnis der Lebensqualität liegt in der Fähigkeit, diese strukturierten Modi zu erkennen und gegebenenfalls zu verändern. Wir konstruieren unsere Erfahrungen mithilfe unserer sensorischen oder repräsentativen Systeme. Die verbale Sprache funktioniert ebenso wie das Denken auf der Grundlage von Fragmenten subjektiver Sinneserfahrungen. Was auch immer uns widerfährt oder unseren Verstand durchläuft, ist also eine Struktur, die aus einem oder mehreren dieser Elemente besteht. Innere und äußere Sinnesreize werden von unserem Gehirn auf dieselbe Weise verarbeitet. Daher ist unser Bewusstseinszustand oft das Ergebnis einer Vermittlung zwischen externen Erfahrungen (sensorische Interaktionen mit der Umwelt) und internen Erfahrungen (Erinnerungen, Präfigurationen, emotionale Zustände). Bestimmte Hirnareale reagieren gleichermaßen auf innere und äußere Erfahrungen.

Die neuronale Konfiguration wird zu jeder Zeit durch Körper, Gedanken und Sprache modelliert. Der Körper sorgt für Körperhaltung, Bewegungen, Mimik, Atmung, Stimmqualität und Gefühlslage. Das Denken koordiniert Bilder, Erinnerungen und Präfigurationen. Die Sprache schließlich regelt die verbale Beschreibung von Erfahrungen.

Indem man individuell auf einen der drei Bereiche einwirkt, ist es möglich, dem neuronalen System eine Rückmeldung zu geben, die die beiden anderen Bereiche entsprechend neu konfiguriert. Die menschliche Sprache kann alle drei Bereiche modellieren, indem sie spezifische Metasprachen schafft. NLP ist ein Modellierungssystem für Veränderungen auf der Grundlage von Metasprache, es geht also darum, die Abfolgen von innerem und äußerem Verhalten (Körper, Gedanken, Sprache), die zu sinnvollen Ergebnissen führen, explizit zu machen.

NLP ist ein organischer Satz von Techniken, die Sprache verwenden, um die Art und Weise zu programmieren und umzuprogrammieren, wie das Gehirn Repräsentationssysteme verwendet, um die Karte zu konstruieren. NLP ist die Kunst, die Sprache einzusetzen, um Landkarten zu verwalten, zu verändern und zu verbessern, sowohl unsere eigenen als auch die von anderen.

In jedem Fall liegt die wahre Bedeutung dessen, was wir kommunizieren, nicht in unseren Absichten, sondern in dem Feedback, das wir erhalten. Es gibt keine Misserfolge, nur unerwünschte Rückmeldungen. Wirksame Kommunikation wird daran gemessen, wie sie den Empfänger beeinflusst. Der professionelle Kommunikator weiß, was sein Kommunikationsziel ist, und übernimmt die Verantwortung dafür. Suchen Sie nicht nach Ausreden. Wenn das, was Sie tun, nicht funktioniert, ändern Sie Ihre Handlungen.

Was ich Ihnen raten möchte, ist, weiterzustudieren und praktisch darin zu werden, Menschen in ihre tiefsten Zustände zu führen, denn in diesen tiefsten Zuständen liegt alles, was es wirklich wert ist, über eine Person zu wissen.

Es bleibt mir nur noch, mich von Ihnen zu verabschieden und zu hoffen, dass Sie viel gelernt haben, dass Sie alles so gut wie möglich verstanden haben und dass die Beispiele in diesem Buch Ihnen geholfen haben, die Unterschiede und Anwendungen der verschiedenen Techniken wirklich zu verstehen.

Bevor Sie uns verlassen, vergessen Sie nicht, Ihren kostenlosen Bonus "Die 10 Schlüssel zum Charisma" herunterzuladen, indem Sie den QR-Code unten scannen. Wenn Ihnen dieser Kurs gefallen hat, lade ich Sie ein, eine ehrliche Bewertung zu schreiben. Falls Sie jedoch spezielles Feedback oder Ideen zur Verbesserung unserer Produkte haben, senden Sie uns bitte eine E-Mail an folgende Adresse: adamshaneparker84@gmail.com. Herzlichen Dank!

Wir sehen uns bald wieder.

Adam Shane Parker

www.ingramcontent.com/pod-product-compliance
Lightning Source LLC
Chambersburg PA
CBHW072333290526
45794CB00002B/857